Mes impressions de l'Amérique

Margot Asquith

Writat

Cette édition parue en 2024

ISBN : 9789359947112

Publié par
Writat
email : info@writat.com

Contenu

MOI
À BORD DU CARMANIA

MARGOT N'EST PAS UN TOURISTE NATUREL ; MANQUE DE CURIOSITÉ – LES gros titres de Londres par rapport aux gros titres de New York – les femmes américaines dans le monde – les hommes américains

J'ai roulé jusqu'à Southampton le samedi 21 janvier de cette année, et après avoir dit au revoir à mon mari et à mon fils, je me suis retiré sur mon poste d'amarrage sur le *Carmania*. Je suis un mauvais voyageur et j'avais contracté une sorte de grippe jusqu'à la veille de mon départ de Londres.

Veuillez communiquer avec les gens qui m'ont incité à me confier à eux sur le navire. Ils m'ont demandé si je serais de retour à temps pour le mariage de la princesse Mary ; où j'allais à mon arrivée en Amérique et si j'attendais mon voyage avec impatience. Je me demande parfois quelles questions je poserais si j'étais obligé d'interroger un voyageur. Je leur demandais avec réticence où ils allaient, mais jamais ce qu'ils avaient vu, car je sais que je ne pouvais pas écouter leurs réponses. Tout le monde sait ce que vous êtes susceptible de voir si vous partez pour un certain temps à Londres, Rome, Athènes ou aux États-Unis ; et existe-t-il une personne vivante dont vous aimeriez entendre les impressions sur le Colisée, les chutes du Niagara ou sur toute autre grande œuvre d'art ou de la nature ? Sur de tels sujets, les remarques des plus intelligents et des plus stupides sont également inadéquates et le superbe vocabulaire d'un Ruskin ne sera probablement pas plus éclairant que ce que l'écolier écrit dans le livre d'or de Niagara : « Oncle et tous très satisfaits ».

J'ai tendance à penser que c'est une légère forme de vanité qui fait voyager chaque année un certain type de riches. J'ai entendu ceux-ci dire que malgré tout l'intérêt que nous, qui sommes restés derrière, portons à ce qu'ils ont vu et entendu, ils auraient tout aussi bien pu rester à Brighton. Néanmoins, le monde regorge de touristes ; et il y a un certain nombre de personnes qui aiment récupérer des informations sans importance sans effort. La majorité insensée d'entre eux lisent le *Daily Mail* ; le politique, le *Manchester Guardian* ; les libéraux, la *Westminster Gazette* ; l'intellectuel, le *nouvel homme d'État* ; et pour passer le temps le dimanche, il y a toujours les longues chroniques de l'*Observer* ou, pour les crédules, de « l'Histoire secrète de la semaine ».

Après avoir jeté un coup d'œil aux principaux articles, l'homme de la City se tourne vers « Round the Markets: Home Railways company. Le Chilian Scrip a réagi à une prime de 1¼ et les six norvégiens cèdent la place à quatre-vingt-quinze ». Ils lisent ensuite : « Au bord de la mer d'argent, du sud ensoleillé ou de l'est brillant » ; méditez sur les listes de ceux qui vont en Égypte, en

Amérique ou sur la Riviera ; et terminer en apprenant que le site de l'ancienne Poste Générale était à Saint-Martins-le-Grand.

En Amérique, c'est plutôt différent. Sur la première page de l'un des journaux les plus importants que vous lisiez :

" Kardos espère l'aide de son père ", " Des hommes s'évanouissent en public et perdent 153 000 $ ", " Un écrivain de notes de mort capturé dans la capitale ", " Pertes de femmes trompées par Lindsay ", " Le cabinet islandais tombe ", " Le régime de Tokyo en ébullition à cause du serpent au sol », « Cheval de selle de Firestone, la monture préférée de Harding », et de brèves notices sur l'Irlande, Paris et Londres ; nous vous encourageons à passer à la page 6, colonne cinq ou à la colonne 8, page 5 et à terminer par « Présentation éblouissante de la lingerie de la princesse Mary ».

Il est difficile de dire pourquoi la plupart des voyageurs ne sont pas intéressants. Je ne pense pas que ce soit parce qu'ils ont visité des endroits merveilleux, mais parce que l'homme moyen n'a pas le pouvoir d'assimiler ou d'interpréter ce qu'il a vu ; et ils s'étendent sur leurs propres sensations avec un tel manque d' humour et de proportion, que vous avez l'impression qu'ils non seulement vous repoussent, mais qu'ils revendiquent une partie du crédit des chefs-d'œuvre eux-mêmes. Lorsqu'on vous dit lors d'une fête que vous devriez rencontrer M. Untel, car il revient tout juste de l'Extrême-Orient, du Sud-Ouest ou du Pôle Nord, vous vous accrochez au montant de la porte la plus proche et vous vous enfuyez tandis que le héros est retrouvé dans la foule. J'aime mieux ce que j'ai pensé par moi-même que ce que je découvre ; et les conclusions obtenues après une mûre réflexion sont plus vastes que ce que vous font remarquer les spectateurs curieux.

Je ne suis pas un touriste naturel, et le savon à raser de Napoléon ne m'intéressera jamais autant que la moindre lumière sur son esprit ou son caractère. Il y a une différence entre la curiosité et l'intérêt, et j'ai le regret de dire que je ne suis pas curieux.

Je suis venu aux États-Unis pour la première fois, non pas dans un esprit missionnaire ou pour étudier quoi que ce soit ou n'importe qui, mais pour voir ma fille et m'amuser.

Cependant, dans un moment téméraire, j'ai promis d'écrire mes impressions sur les États-Unis et le Canada, ce qui pourrait donner lieu à de faux espoirs.

Lord Acton a écrit dans une lettre à Mme Drew : « Une touche de mauvaise nature rend le monde entier apparenté », et je dois faire un effort pour ne pas décevoir mes critiques réfléchis. On m'a accusé de ne pas apprécier la société des brillantes Américaines, que ce soit en Italie, à Paris ou à Londres ; mais on pourrait ajouter avec vérité que le génie, tout en stimulant la plupart des gens, m'a toujours épuisé. Je préfère la pensée la plus maladroite à la phrase la plus achevée, et je suis si lent que la moindre complication peut me faire passer à côté de l'essentiel. Le « rire général et prolongé » est une faculté que je n'ai jamais pu acquérir, et les explosions soudaines à propos de tout ce que j'ai dit me convainquent généralement que j'aurais mieux fait de me taire.

Pour un étranger qui n'a connu que des Américains d'origine européenne, la chose la plus remarquable chez les femmes américaines est leur liberté par rapport à leur sol natal. Ils sont également bien équipés, que leur nationalité soit transférée de Russie à Rome, Vienne, Roumanie ou Paris. Aucun chèque en blanc ne pourrait être mieux rempli, et je ne cesse de me demander quel peut être le secret de leur parfait mécanisme social.

Belle à regarder et élégamment habillée, ouverte d'esprit quel que soit le sujet abordé, adaptable, disponible, riche et de bonne humeur , la femme américaine telle que je la connais est le dernier mot en matière de mondanité et de mode. Dans mon pays, elle est non seulement une personne populaire, mais une privilégiée, et ayant commencé par être ce qu'on appelle « naturelle », elle le devient chaque jour davantage.

Les maris de ces dames, lorsqu'ils ne appartiennent pas à une aristocratie étrangère nécessiteuse, sont généralement divorcés, renvoyés ou éliminés d'une manière ou d'une autre ; et, même s'ils sont de la même nationalité, ils ne ressemblent pas du tout à l'Américain tel que je l'ai connu.

Il est rarement à la mode et n'a jamais de loisir ; il a une passion pour apprendre tout ce qu'il y a à savoir et a des vues vigoureuses sur la plupart des choses. Même s'il est un peu copieux en narration, il n'est jamais mécanique, mais un article absolument authentique ; spontané, amical, hospitalier et enthousiaste. Il semble traiter ses femmes avec la patience et l'indulgence que l'on accorde aux enfants gâtés, sans jamais tenter de discuter de sujets littéraires ou politiques avec elles, et il est agréablement surpris si vous vous intéressez à Wall Street ou à la Maison Blanche.

Je note ces impressions préliminaires, dont chacune devra peut-être – et devra probablement – être révisée au cours de mon voyage.

II
ARRIVÉE À NEW YORK

DES JOURNALISTES MANQUANT D'IMPRESSION— SPLENDEURS DE LA VIE D'HÔTEL—PREMIÈRE CONFÉRENCE UN ÉCHEC À LA SUITE DU MAL DE MER— HAVIÉ PAR L'ARCHITECTURE DE NEW YORK

un voyage abominable au cours duquel le navire roulait et tanguait, gémissait et frémissait, et la mer faisait exactement ce qu'elle voulait de nous, nous sommes arrivés avec un jour et demi de retard, et entourés d'hommes de presse, j'ai cousu des plumes sur des navires américains. sol.

Si les journalistes manquent un peu de crainte, ils compensent par l'intérêt intelligent qu'ils portent à tout ce qui les concerne ; et après qu'on m'a demandé ce que je pensais des « clapets » et ce que M. Lloyd George pensait de moi, j'ai été autorisé à me rendre à l'hôtel Ambassador. Je n'aurais pas pu être accueilli avec plus de courtoisie si j'étais arrivé au château de Windsor et je n'ai jamais séjourné dans un meilleur hôtel.

Mon gendre le prince Bibesco , ma fille Elizabeth et ma cousine Miss Tennant (dont le frère est le secrétaire particulier de Sir Auckland Geddes) m'ont montré les chambres spacieuses et les belles salles de bains que le directeur de l'hôtel avait choisies pour nous. Je me suis assis complètement épuisé quand soudain la porte s'est ouverte et mon salon a été inondé de journalistes, hommes et femmes. Ayant eu le mal de mer et sans nourriture solide depuis une semaine, le tapis et le plafond me faisaient toujours signe de la tête, et je regrette d'avouer que je n'ai rien dit de très frappant ; mais ils étaient accueillants et amicaux ; et après une conversation quelque peu disloquée, je me mis au lit en titubant.

Keedick , me présenta au New Amsterdam Theatre, où des éclaireurs furent placés dans des galeries éloignées pour essayer ma voix. Je n'ai eu aucune difficulté à me faire entendre, mais je me suis senti terriblement malade et plus qu'inadéquat lorsque j'ai fait ma première apparition à 15 heures 30 dans la salle bien remplie. Le Dr Murray Butler m'a présenté dans un discours courtois et m'a expliqué qu'après une traversée aussi inhabituellement difficile, je serais obligé de m'asseoir pendant toute la durée de la représentation, ce que j'ai beaucoup regretté.

J'ai commencé par un récit plein d'entrain sur un marchand de chevaux irlandais, qui, je l'ai vu d'un coup d'œil, n'intéressait personne. Que je parlais irlandais ou anglais, cela aurait pu être le wallon pour que tout le public s'en soucie. Mon cœur s'est fané, ma voix s'est effondrée et j'ai su que beaucoup ne pouvaient pas entendre ; certains n'écoutaient pas et mes amis me regardaient avec appréhension, charité et applaudissements. Plus mort que vif, je fus soulagé lorsqu'une dame entreprenante cria depuis la galerie :

"Tu as mon argent pour rien. Au revoir, j'en ai assez de toi !"

Cette salutation informelle a suscité la gentillesse de mes auditeurs et les a poussés à protester, et dès que j'ai pu, j'ai changé de sujet. A la tombée du rideau, de nombreux vieux amis sont montés sur scène et m'ont offert des roses et m'ont assuré que j'avais conquis le cœur de mon public, après quoi j'ai quitté le théâtre.

En rentrant chez moi, j'ai ouvert toutes les fenêtres des taxis et j'ai été frappé par la beauté architecturale des rues. À l'exception de Munich, je n'ai jamais vu de ville moderne comparable à New York. La couleur de la pierre et la légèreté de l'air donneraient de la vitalité à un cadavre ; et malgré le souvenir obsédant que la dame de la galerie en avait assez de moi, je revins chez l'ambassadeur heureux quoique épuisé.

Ma fille m'a emmené le soir à une merveilleuse fête donnée par Miss Mabel Gerry. Nous portions nos plus beaux vêtements, mais notre chauffeur de taxi ne parut pas satisfait, et avant d'entrer dans la magnifique cour, il s'arrêta, ouvrit la porte et demanda avec un peu de scepticisme si c'était là que nous étions attendus ; cachant notre mortification, nous l'avons exhorté à continuer sa route.

Il y en avait pour tous les goûts dans la belle maison de Miss Gerry. J'ai commencé par m'asseoir à côté de mon cher vieil ami, M. Harry White, et d'un brillant inconnu, M. Thomas Ridgeway ; J'ai ensuite joué au bridge, j'ai écouté un pianiste courant et j'ai terminé en dansant des pas inconnus devant un groupe merveilleux.

J'énonce une platitude lorsque je dis que les Américains sont les meilleurs danseurs du monde.

III
BOSTON ET WORCESTER

INCONFORT DU VOYAGE EN AMÉRIQUE — LE TRAC À BOSTON — LES BOSTONIENS INTELLIGENTS ET COURTOIS — LES FRESQUES DE JOHN SARGENT AU MUSÉE

Le lendemain matin, le 2 février, mon ami et secrétaire M. Horton, moi-même et notre femme de chambre sommes arrivés à Boston City après un voyage confortable dans un compartiment privé qui nous a été offert par la courtoisie de notre garde. Je ne veux rien dire de désagréable, mais, à part la beauté des gares ferroviaires, les modalités de voyage en Amérique sont bien inférieures aux nôtres. Être assis droit sur des chaises tournantes en public est une épreuve non atténuée par une atmosphère dans laquelle on pourrait forcer des ananas. Nous avons été accueillis à notre arrivée par des journalistes et des caméras. Cela me désole de rester debout à cligner des yeux devant le soleil ; n'étant pas une beauté, je sais que mon nez sera toujours plus un membre qu'un trait, et en essayant d'avoir l'air agréable, j'ai des dents qui sortent comme des pierres tombales dans les journaux du matin.

Livrés à nous-mêmes, nous allâmes examiner la salle Symphonique, où je devais parler ce soir-là. En arrivant sur scène, j'étais consterné. Me sentant comme un moucheron sur un dreadnought, j'ai regardé la plus grande salle que j'ai jamais vue, à l'exception de celle de Londres érigée à la mémoire sacrée du bon prince Albert.

"C'est une farce de la pire espèce !" Je me suis exclamé aux messieurs présents, "et pour un million de dollars je n'insulterais pas les habitants de Boston en me rendant ridicule ici ce soir. Je n'ai pas été en prison, ni divorcé ; je ne suis pas non plus allé au Pôle Nord ou au Pôle Sud. , ou escaladé des montagnes et des Cervins ; je n'ai rien de merveilleux à raconter, et au lieu qu'une femme crie : « Rendez-moi mon argent, j'en ai assez de vous », tout le public se lèvera. un hall, c'est un tunnel ferroviaire ! Je n'en vois pas le bout : c'est fait pour les moteurs ou les avions " ; et je tremblais de rage et d'appréhension.

"C'est une salle de concert, Madame, construite pour les oratorios", répondirent-ils en désignant un vaste orgue qui décorait le mur derrière moi.

" Sans doute des tambours, des trompettes ou des chanteurs d'opéra pourraient se faire entendre, mais une crevette ou une femelle seule ici ferait rire les dieux, et rien ne m'inciterait à parler ! "

"Mais, chère madame, tout Boston vient vous entendre."

M. Horton passa son bras sous le mien en me disant d'un ton apaisant : « Vous êtes fatigué ; retournons à l'hôtel.

Visiblement affligés, les messieurs de la salle m'ont assuré que des hommes à la voix maigre avaient donné maintes fois des conférences et avaient été parfaitement entendus ; et en m'éloignant, j'ai vu du coin de l'œil que mon angélique secrétaire hochait la tête pour leur assurer que je tiendrais mon contrat.

Seul dans le taxi, j'ai fondu en larmes, me demandant ce que j'avais fait pour être ainsi puni ; J'ai dit que les premiers rangs seraient assourdis, le centre abasourdi et les balcons indignés. Il m'a assuré que j'avais une belle voix, une personnalité intéressante et un caractère courageux, etc., et que je devais certainement aller jusqu'au bout puisque chaque place avait été vendue.

Je me suis habillé avec des yeux ruisselants et un nez écarlate, et dans la neige et le silence, nous sommes allés au Symphony Hall. La tribune et la salle étaient bondées et, aveuglé par la peur, je me dirigeai vers le devant de la scène. Mon président, M. Arthur Hill (conseiller juridique de la ville de Boston), en me présentant, a parlé avec la plus grande aisance, et j'ai observé que chaque mot qu'il disait était entendu ; mais il était évident, à la perfection de son discours, qu'il s'était adressé à un millier de publics auparavant et que ce n'était que ma deuxième apparition publique.

Je me levai, les genoux heurtés, tandis que je regardais la mer de visages impatients en dessous de moi.

Dieu me préserve de répéter ce que j'ai dit, mais pendant une heure et vingt minutes, j'ai fait de mon mieux ; en commençant par mon plaisir d'être en Amérique, j'ai continué avec des histoires sur mon pays natal et j'ai terminé avec un récit du château de Windsor et de la Conférence du désarmement.

Aucun président ou premier ministre n'aurait pu avoir un public plus intelligent, amical, courtois et réactif que les habitants de Boston. Douleur des chevilles aux tempes, je me suis incliné devant leurs acclamations répétées tandis que, humble et heureux, je me retirais de la scène.

Des auditeurs enthousiastes se pressaient dans la salle verte où je m'étais affalé sur une chaise aussi immobile que le mangle. M. Horton, qui était assis parmi les statues au-dessus du ciel, m'a assuré qu'il avait entendu chaque syllabe. Des journalistes impatients ont commencé à me demander ce que je pensais de Boston, mais stupide et épuisé, je me suis enfilé dans mon manteau. Des foules d'hommes et de femmes attendaient dans la rue et, en partant en voiture, j'ai compris que j'avais réussi.

Le lendemain, le lieutenant-gouverneur Alvin Fuller et son épouse, qui faisaient partie de ceux qui m'avaient félicité dans la salle verte la veille au soir, nous ont offert un déjeuner et nous ont emmenés en moteur vers les deux grands sites touristiques de Boston : la bibliothèque publique et les beaux-arts. Musée.

La Bibliothèque est un magnifique bâtiment fondé en 1852, contenant plus de deux millions de volumes, dont la moitié est prêtée pour un usage quotidien à domicile. Les architectes du bâtiment étaient McKim , Mead et White de New York, mais la majeure partie de la conception était l'œuvre de Charles Follen. McKim . Les décorations murales ont été peintes par Puvis de Chavannes, Edwin Austin Abbey et John Singer Sargent. Comme mon temps était limité, je me suis concentré sur les travaux de mon ami M. Sargent.

Il serait aussi impossible que prétentieux de tenter de décrire la beauté du Sargent Hall. Il représente trente ans de pensée et de travail , et possède une majesté de dessin, une gloire de dessin et une originalité de conception inégalées en Europe.

La "Servante du Seigneur" sur le mur est, tenant le Divin Enfant dans ses bras, et "Notre-Dame des Douleurs", qui lui fait face, remplissent votre cœur d'émerveillement et vos yeux de larmes.

Dans la première, la Sainte Vierge se lève d'un trône avec son bébé dans les bras. Vous réalisez en regardant cet Enfant qu'Il est le Dieu Puissant et le Père éternel ; et l'expression du visage de la Vierge - plus que celle de toute autre Madone que j'ai jamais vue - vous convainc qu'elle n'était pas seulement la Mère du Conseiller sur les épaules duquel tomberait le gouvernement, mais la Mère du Prince de la Paix. .

La Vierge de « Notre-Dame des Douleurs » se tient sur le croissant de lune derrière une rangée de bougies allumées surélevées en relief de blanc, d'or et d'argent. Son petit visage aux yeux écarquillés vous regarde depuis une couronne d'argent élaborée sertie d'un halo radieux au design fin et illusoire, et ses deux belles mains serrent sur son cœur les épées brillantes qui caractérisent les Sept Douleurs. La dignité de sa pose, la soumission et le pathétique de ses yeux obsédants vous éveillent à un nouveau sens de la majesté de la douleur. En levant les yeux, j'ai senti que je partageais une gratitude commune à l'idée que de tels sujets auraient dû capturer le génie du plus grand artiste vivant.

Nous sommes allés de la Bibliothèque au Musée, où les décorations du dôme de la rotonde, sans parler de l'extérieur des bâtiments, sont magnifiques. Ici, M. John Sargent s'est surpassé.

J'ai entendu des critiques, faute de mieux à dire, exprimer l'opinion qu'il était un meilleur peintre qu'un artiste. S'ils ont le moindre doute sur le sujet, qu'ils aillent à Boston, et s'ils peuvent l'enseigner, ils y apprendront que Sargent n'est pas seulement un artiste rare, mais un poète et un architecte.

Avant de quitter Boston City, j'ai reçu un appel de Mme Bancroft, une vieille dame de quatre-vingts ans, avec qui je me suis lié d'amitié. Elle était extrêmement intelligente, et quand elle disait que j'avais à la fois de la grâce et du génie, je la trouvais une excellente juge ! Elle m'a dit que j'avais l'air fatigué et quand nous nous sommes dit au revoir, elle m'a offert un bouquet de fleurs magnifiques.

Nous sommes allés de Boston à Worcester dans la voiture des Fuller et avons dîné avec M. et Mme Charles M. Thayer, et après un excellent dîner en bonne compagnie, j'ai donné une conférence dans la maison privée de M. et Mme Washburn, où il n'y avait pas de journalistes. Après avoir prié mes convives du dîner de m'interrompre dans le salon, car je n'avais jamais pris la parole dans ce genre de soirée, nous avons ouvert une sorte de débat que j'ai beaucoup apprécié. Je doute qu'un public anglais, à moins de vieux amis, aurait posé des questions aussi intelligentes et amusantes, et je savais en répondant, par le sentiment de vie et de rire, que cela avait été un succès, et je me couchai sans m'en souvenir. la dame new-yorkaise qui en avait assez de moi.

IV
PHILADELPHIE QUI NE RÉPOND PAS

SERMON SUR LA VIE COMME ÉCOLE DE FORMATION— L'ANGLAIS DE MARGOT INCOMPRIS À PHILADELPHIE— MME. BAL POUDRÉ DE CORNELIUS VANDERBILT—ÉLOGE DE HEYWOOD BROON

Le dimanche 15 février, M. et Mme Harry White m'ont emmené à Saint-Barthélemy, une église moderne d'une grande beauté. Le Dr Parkes, un homme d'autorité et d'éloquence, a prêché à partir du quatrième chapitre de Galates, verset 6 :

"Et parce que vous êtes fils, Dieu a envoyé l'Esprit de son Fils dans vos cœurs."

Je n'avais pas besoin d'être une Écossaise pour écouter le sermon qu'il prêchait. Il a dit que nous étions des camarades diplômés d'une grande université, unis dans la filiation du Christ, et que nous devrions cultiver une communion spirituelle avec l'homme, puisque la personnalité la plus élevée ne pourrait jamais se développer d'elle-même. Que nos noms ont été inscrits à notre baptême ; nous avons reçu nos premiers diplômes lors de notre confirmation ; et l'objet et la mission de l'Église étaient de nous guider ou de nous coacher pour les diverses épreuves que la vie exigerait de nous ; et que nous devrions toujours faire ce que nous pouvons pour nous entraider.

En écoutant le recteur, sachant à quel point j'avais trouvé facile dans la vie d'aimer et de prendre soin des autres, je me demandais combien de choses j'avais laissées en suspens et quel examen je pourrais réussir si j'étais soudainement appelé à concourir. Hanté dès ma plus tendre enfance par le caractère transitoire et pathétique de la vie, j'étais conscient qu'il ne suffisait pas de dire : « Je ne fais aucun mal », je devais me tester quotidiennement et me demander ce que j'accomplissais réellement.

Mon attention s'étant éloignée du sermon, j'étais heureux de l'entendre rappeler en entendant le Dr Parkes dire que la plupart des gens préféraient le jazz, le vaudeville ou le cinéma à l'Église.

Il a dit qu'il descendrait un instant sur les bancs et demanderait à la chaire pourquoi les services étaient conventionnels, monotones et sans intérêt ; pourquoi le clergé donnait des conseils moraux inadaptés, avertissant les fidèles de dangers auxquels ils n'étaient pas exposés ; exprimer des opinions politiques qu'ils ne partageaient pas ; et les convaincre, à la fin d'un service fastidieux, qu'en aucun cas ils n'iraient à l'église plus souvent qu'ils ne pourraient aider.

« Je vais maintenant retourner à la chaire », dit-il ; et j'ai écouté avec une attention particulière.

C'était vrai, l'Église était souvent ennuyeuse ; mais l'attitude de la congrégation était mauvaise. Ils ne devraient pas dépendre d'un divertissement perpétuel. Les gens allaient à l'église pour diverses raisons. Certains par habitude, d'autres pour donner le bon exemple, et quelques-uns avec l'espoir ardent d'entendre quelque chose qui guérirait leurs esprits torturés ; de quoi les rassurer que puisque Jésus pleurait, il ne pouvait pas être loin de ceux qui pleuraient. Peu d'hommes étaient orateurs, et ce qui remplissait les églises, c'étaient les sermons. Les gens vous diraient que le service était suffisant, mais ce n'était évidemment pas le cas ; ou les églises seraient bondées tous les dimanches.

« Je n'ai aucun doute, » continua-t-il, « que je pourrais vous divertir pendant un certain temps ; le chœur et le bel orgue le pourraient également, mais je pense que ce serait une erreur ; cela enlèverait le sens du service, et la communion spirituelle de l'homme. Tout le monde devrait aller à l'église, sinon les églises cesseraient d'exister, et les hommes les plus irréligieux pourraient difficilement désirer cela. Un jour, un jeune prophète ou un grand disciple du Christ pourrait venir parmi nous et ne trouver rien. lieu d'où il pouvait parler au peuple, et aucune assemblée à laquelle il pouvait s'adresser.

Je rentrai à l'hôtel profondément impressionné par ce que j'avais entendu et pas d' humeur à être interviewé par un journaliste de Philadelphie qui m'attendait ; mais j'ai trouvé M. V. Hostetter à la fois compréhensif et intelligent.

*   *   *   *   *   *   *

Le lendemain, je suis allé à Philadelphie. Le manque de réponse de mon nombreux public a été largement compensé par la gentillesse de mon président, M. George Gibbs, l'hospitalité de M. et Mme Thomas Ridgeway et la gentillesse des journalistes. Je doute que mon anglais ait été compris, même si j'ai été informé que je pouvais être clairement entendu depuis la galerie. Sauf lors de ma première conférence, où je ne pouvais pas me tenir debout, je n'ai eu aucune difficulté à me faire entendre.

*   *   *   *   *   *   *

A mon retour à New York, après avoir dîné au lit, j'ai rejoint ma fille à un *bal poudré* offert par Mme Cornelius Vanderbilt, une hôtesse new-yorkaise astucieuse qui n'hésite pas à recevoir cent cinquante personnes au déjeuner, au thé ou au dîner.

L'une des différences notables entre la mode en Angleterre et en Amérique est que ce qui peut apparaître aux non-initiés comme une démonstration d'hospitalité presque exagérée est aussi *chic* ici qu'on pourrait le croire excessif à Londres. Les hôtesses américaines sont également très pointilleuses quant à la préséance : qui s'assoit à côté de qui, ou entre en premier, en deuxième ou en troisième. Je dois avouer que j'ai été négligent de cette manière, et quand une dame américaine, à l'un de ces dîners, m'a demandé si cela me dérangeait que ma fille, Elizabeth Bibesco , entre ou sorte - j'oublie lequel - devant moi, j'ai imaginé qu'elle je plaisantais. J'ai décontenancé un journaliste lorsqu'il m'a demandé si je connaissais toute l'aristocratie britannique, en disant que hélas ! Je ne l'ai pas fait, mais ma femme de chambre l'a fait.

Rien n'aurait pu être plus joli que le bal Vanderbilt. J'ai hâte de voir la maison de mes aimables hôtes dans des conditions plus normales, mais j'ai pu constater d'un coup d'œil qu'elle regorge non seulement d'objets rares et précieux, mais qu'elle est vraiment frappante. Les salles de réception, la salle de concert et les salles de bal étaient remplies de mode et de beauté. J'ai regardé autour de moi pour voir si je pouvais trouver quelqu'un que je connaissais. Mon regard est tombé sur ma fille Elizabeth, qui, dans sa robe de velours noir Aubrey Beardsley, était parmi les plus jolies femmes de la pièce.

Après avoir tenté en vain d'arrêter mon ami bien-aimé, le colonel House, qui déteste les fêtes, j'ai aperçu M. Balfour, jeune et heureux. Malgré la foule admirative qui l'entourait, je fis une escarmouche et, le prenant par le bras, l'engageai dans une conversation privée. Incapable de flatterie, je lui racontai avec quelle habileté extraordinaire il avait représenté la Grande-Bretagne à la Conférence de Washington ; combien nous étions tous heureux qu'il ait été sélectionné ; et comme j'étais enchanté de le voir. Avec ce charme éblouissant qui ne l'abandonne jamais, il me posait des questions approfondies sur le déroulement de mes cours et me suppliait de ne pas me fatiguer.

Je lui ai répondu que j'étais toujours trop fatigué, mais j'ai dit avec vérité que ni lui ni moi ne vieillirions jamais.

Personne ne peut dire que M. Balfour ne se soucie pas du pouvoir et de la politique, mais un certain détachement l'a empêché de vieillir, et par quel moyen je ne puis le découvrir, il ne semble jamais s'ennuyer dans le monde ; c'est cela, je pense, qui le maintient jeune.

Je m'y connais en jeunesse, car les Tennants sont une race à part ; non pas parce que nous sommes particulièrement intelligents, instruits, célèbres ou amusants, mais parce que nous n'avons pas d'âge. Des bohémiens, des palmistes, des phrénologues et d'autres escrocs m'ont raconté bien des choses insensées et incompatibles, mais ils étaient tous d'accord sur deux points. Ils disaient que je serais toujours assez jeune pour faire l'amour et l'inspirer, que je n'étais pas mercenaire et de bon caractère.

En cela, je ressemble à mon père. Insomniaque, irritable, impatient et intéressé, il savait sauter et danser à soixante ans mieux que la plupart des jeunes hommes adolescents, et sa dernière belle fille est née quand il avait quatre-vingts ans. Ce n'est pas entièrement physique : cela vient sans doute de la vitalité, mais c'est aussi un mélange de tempérament moral et intellectuel et, surtout, du pouvoir d'admirer, sans lequel, dit Wordsworth, nous ne pouvons pas vivre.

Après avoir parlé à M. Balfour, mon hôte, M. Vanderbilt, un homme de caractère peu soucieux des divertissements, m'a montré sa chambre et sa bibliothèque.

Le lendemain du bal, j'ai contracté un frisson qui m'a rempli de désespoir. Devant donner une conférence cet après-midi (ma cinquième en Amérique et ma deuxième à New York), il était essentiel de supprimer la malheureuse impression que m'avait créée le fait de m'asseoir et de lire sur les chevaux lors de ma première apparition. À moins que ma secrétaire ne découpe et n'épingle sur mes lettres des critiques à mon égard, je ne les regarde pas, et j'avais à peine conscience de la sévérité avec laquelle j'avais été pris à parti le lendemain de ma première conférence. Les gens sont trop forts et trop occupés à New York pour remarquer si vous êtes malade ou non ; ils ont payé leur argent et ne prêteront probablement pas attention à ce qui les ennuie ; ils voulaient quelques ragots locaux sur mon mari, M. Lloyd George, ou sur le trousseau de la princesse Mary. Ces abus ne me dérangeaient pas car je suis à l'épreuve de la presse, mais je ne voulais pas décevoir mon manager, M. Lee Keedick , un homme compétent, gentil, peu mercenaire et intéressé par le succès de son client, tant du point de vue artistique que artistique. un point de vue commercial ; ou mon secrétaire, M. Horton, avec qui j'ai contracté une amitié durable.

Sachant que je devais parler non seulement cet après-midi mais la nuit suivante à Brooklyn, je les rassurai en leur disant que malgré mon frisson, j'allais rester debout, me promener et amuser l'auditoire avec des histoires de Gladstone, Tennyson, Kitchener, politique. , duels et boisson. Je n'ai pas ajouté que j'étais si nerveux que je devrais tenir la tête haute car si je la laissais tomber, je m'effondrerais certainement.

Mon cher ami, M. Paul Cravath , en me présentant, a fait un discours admirable et a été plus qu'utile et encourageant.

J'aimerais pouvoir me souvenir et écrire ce que mes présidents disent de moi ou de mon mari, mais je suis bien trop impatiente d'écouter, et un boulet de canon qui explose ne m'empêcherait pas d'avoir du mal à me souvenir de mon discours, même si je sais que "Mesdames et Messieurs" sera aussi loin que ma mémoire me mènera.

Quand je me suis levé, après m'être incliné avec une langueur provocante, j'ai parlé d'une manière lente et délibérée qui semblait venir d'une autre personne. Je n'ai jamais regardé mes notes jusqu'à la fin de la conférence, et après m'être assis, le public était enthousiaste. Mon gendre, le prince Bibesco , homme d'observation fine et artistique, me félicita chaleureusement et, bouche bée d'épuisement, je me couchai.

Le lendemain matin, mon président m'a envoyé la critique suivante du *Monde* : "It Semble Me ", de HEYWOOD BROUN .

"La manière de plate-forme de Margot Asquith nous remplit d'envie. Nous aimerions pouvoir parler comme elle le fait, nonchalamment appuyé contre une table. Nous devons avouer une admiration sans limite pour sa technique. Aucun auteur anglais invité depuis de nombreuses saisons ne nous a paru aussi tout à fait à l'aise comme l'était Mme Asquith hier après-midi sur la scène du New Amsterdam Theatre. Son discours est clair et net, elle n'a jamais besoin de s'enfuir et de crier. À mesure que son point s'approche, elle se jette dessus, faisant face. le public carré et debout. Nous avons admiré sa polyvalence de prestation. Il devrait y avoir de nombreux clients désireux d'être encadrés par Mme Asquith dans l'art de parler en public.

Si j'avais pu rencontrer M. Broun ce jour-là, ma gratitude m'aurait peut-être fait du bien, mais j'avais de la température et ma fille ayant contracté la grippe, nous avons été gardés au lit et une infirmière qualifiée nous a été envoyée par le Dr Eglee .

* * * * * * *

Le huitième, j'ai parlé à Brooklyn, où, enveloppé dans des couvertures, j'étais accompagné dans le moteur par mon médecin. Je restai au lit jusqu'au 12, date à laquelle je fis ma dernière apparition à New York. À cette époque, j'étais devenu très à la mode et, en grande partie grâce à M. Heywood Broun, je recevais plus de quatre-vingts lettres par jour, des fleurs, de la musique, des livres et des poèmes. La maladie de ma fille Elizabeth m'a enlevé toute joie, et sans son mari et ma cousine, Nan Tennant, la maladie et l'épuisement m'auraient tenté de rompre mon contrat.

V

LA MAISON BLANCHE ET WASHINGTON

LE PRÉSIDENT HARDING FACILE À PARLER – MARGOT EXPLIQUE LA POLITIQUE ANGLAISE – DISCUTE AVEC WOODROW WILSON – IMPRESSIONNÉ PAR L'AMBASSADEUR JUSSERAND

Je suis arrivé seul à Washington le 13 et j'ai parlé le même après-midi.

Un public de Washington ne vous assourdit pas sous les applaudissements, mais M. Thomas Hard, mon président, était si reconnaissant qu'il a semblé créer la mode pour rire et applaudir et tout s'est bien passé.

Le lendemain matin, je me suis rendu sur rendez-vous à 10 h 30 chez le président Harding. Après m'être trompé de porte à plusieurs reprises à la Maison Blanche, j'ai été conduit dans une antichambre remplie d'hommes de presse discutant et fumant autour d'un feu ouvert. Le secrétaire du Président a été extrêmement courtois et je n'ai pas dû attendre. Introduits dans la belle salle circulaire de M. Harding, nous nous serrâmes la main et nous assîmes. Un grand Airedale terrier noir et feu renifla autour de mes jupes et son maître lui ordonna de s'asseoir sur une chaise. Le président Harding a une grosse tête audacieuse avec des traits bien dessinés et un discours honnête et intrépide. Il est grand, parfaitement simple et extraordinairement facile et agréable à qui parler. Il m'a dit qu'il avait également donné des conférences et m'a raconté comment les conférences avaient commencé en Amérique. Il existait une sorte de club ou de société qui commença autour du lac Chautauqua et se répandit dans tout le pays. C'était le seul moyen pour le plaisir ou l'information d'atteindre des petites villes lointaines et mornes habitées par des milliers d'hommes et de femmes qui n'avaient ni la chance ni l'occasion de rencontrer des personnages célèbres. Pendant qu'il me racontait cela, je regardais le grand bureau devant lui. J'ai remarqué une photographie décolorée d'une femme d'âge moyen extrêmement jolie et raffinée, ainsi qu'une gravure encadrée de George Washington ; sur le dessus d'une bibliothèque, j'ai observé une gravure intéressante d'Abraham Lincoln. Un feu dans une grille ouverte et de grandes fenêtres donnant sur un jardin arboré complètent la pièce.

Notre conversation fut interrompue par un secrétaire qui demanda au Président de parler au téléphone, et il me quitta après des excuses courtoises.

A son retour, il m'a trouvé en train de regarder la photo sur sa table et m'a informé que c'était sa mère. Nous avons parlé d'Arthur Balfour et je lui ai dit à quel point mon mari et nous tous en Angleterre étions heureux qu'il ait pu se rendre à Washington ; que son esprit vif, ses bonnes manières intellectuelles et son manque d'insularité lui donnaient une compréhension inégalée. Le président a répondu avec une véritable chaleur.

"Je suis très heureux", a-t-il déclaré, "qu'il ait assisté à notre Conférence. Comme vous le savez, Mme Asquith, il était connu et apprécié ici avant la Conférence, et je peux seulement dire qu'il a ajouté deux cent pour cent à son ancienne popularité par la patience, le tact, la franchise et la capacité dont il a fait preuve tout au long de nos débats.

Il m'a parlé de la situation politique en Angleterre et m'a demandé quand je pensais qu'il y aurait des élections générales. Je lui ai dit que les libéraux de la coalition étaient des invités ambitieux et payants dans un palais conservateur (ou des mots dans ce sens) ; que dans leur récente tentative de forcer des élections générales, ils avaient tenté d'acheter le palais, mais qu'à leur grande surprise et à leur grand mécontentement, Sir George Younger, le gardien de la bourse des Tories et directeur de leur parti, avait, avec un courage inimaginable par son troupeau, a mis son veto là-dessus ; et dans une lettre polie et publique avisant les libéraux de la coalition de démissionner. Cette action indépendante a bouleversé la presse influente de Downing Street, a diverti les libéraux libres et a déconcerté les dociles conservateurs. Ces derniers n'ayant pas de Premier ministre propre, sont non seulement profondément redevables à M. Lloyd George pour tout ce qu'il a fait pour eux, mais sont également engagés envers sa direction par le marché mutuel de l'élection du coupon Kaiser.

Je lui ai dit que je n'avais aucune idée du moment où les élections pourraient survenir et que personne ne pouvait prévoir son résultat, mais que s'il y avait beaucoup de Sir George Young dans le Parti conservateur, il était tout simplement possible que la coalition s'effondre.

Nous avons parlé de la Conférence de Gênes. J'ai dit que franchement j'étais fatigué du gouvernement par conférence : que, depuis le fatal de Versailles jusqu'au futile de Cannes, ils avaient été source de méfaits, d'incompréhensions et de récriminations ; et que le seul où la vérité avait été confrontée, discutée et répandue était le sien à Washington. J'ai essayé de lui donner une idée de l'effet que le discours d'ouverture de M. Hughes sur le désarmement avait produit dans notre pays, en ajoutant combien j'éprouvais une profonde tristesse pour la France. Nos élections de 1918 « Pendez le Kaiser », « Fouillez les poches allemandes », soutenues par l'ensemble du parti conservateur, avaient conquis l'opinion publique française ; et il ajouta que la moitié de l'irascibilité, de l'humeur et de la suspicion dont nous étions témoins aujourd'hui à Paris provenait du sentiment d'avoir été trompés. J'ai dit avec tout le sérieux que je pouvais commander que ni le parti libéral, ni mon mari, ni personne d'autre en Angleterre n'avait l'intention de se quereller avec la France ; qu'il était tout aussi clair que ce point de vue était partagé en

Amérique et qu'il était donc vital pour la paix du monde que nous devrions essayer de nous comprendre et de rester ensemble.

Il a été éloquent dans son accord, m'a dit combien il était dévoué au peuple français ; et il a ajouté qu'il était convaincu que les malentendus disparaîtraient progressivement.

Après avoir signé et remis un fac-similé du message qu'il avait délivré à la clôture de la Conférence de Washington, nous nous sommes séparés.

Je suis allé au cimetière de Rock Creek avec ma cousine, Nan Tennant, pour voir le tombeau d'Adams près de St. Gaudens . C'est un travail formidable qui vous tient à cœur. Je me suis assis pendant un moment sur le siège circulaire en marbre et j'ai regardé la belle statue de bronze. Cela m'a rappelé les vers de Richard II :

"Oh ! mais ils parlent les langues des mourants.
Renforcent l'attention, comme une profonde harmonie."

Bien que la silhouette encapuchonnée et austère vous éloigne de tout ce qui bouge et soit un emblème de la Mort, les yeux profonds et compatissants parlent à celui qui écoute à la fois d'Amour et d'Espoir. En la regardant, j'ai pensé quel effet transfigurant une telle statue pourrait avoir si elle était transportée à Paris ou à Berlin.

Dans l'après-midi, j'ai rendu visite à l'ex-président Wilson. Sa femme m'a accueilli avec gentillesse et affection et m'a immédiatement fait entrer dans la bibliothèque où son mari était assis droit sur une chaise près des étagères. Son œil était brillant, son esprit clair, et personne, en regardant son visage distingué, n'aurait pu imaginer qu'il était malade. Je n'ai pu cacher mon émotion lorsque je lui ai dit combien de fois nous avions pensé à lui. Il semblait plein d'espoir et disait qu'il avait encore beaucoup à faire, car un combat acharné l'attendait. Il m'a demandé si je ne pensais pas que les choses allaient mieux pour mon mari et « votre grande fête » ; ajoutant avec quelle attention et avec quel espoir lui et d'autres surveillaient la situation politique actuelle en Angleterre. Je lui ai dit qu'il avait eu une bonne idée et que le monde entier essayait de suivre sa trace ; ajoutant que la Société des Nations a été applaudie sur chaque plate-forme libérale. Il m'a fait promettre d'aller le voir à mon retour à Washington, et après une courte conversation sur rien de particulier, la crainte de le fatiguer m'a fait me lever et lui dire au revoir.

Je me rendis à l'ambassade de France où je passai plus d'une heure avec mon vieil ami M. Jusserand. Je l'ai trouvé très malheureux : et lorsqu'il discutait avec franchise et sans exagération des sentiments qui animaient Paris, j'ai pensé qu'il faisait un excellent argument en faveur de ce qui paraît, pour le moment, être un manque de raison chez ses compatriotes. Il m'a montré ce que Lord Lee avait dit sur Naval Limitation en décembre à Washington, où il citait mal les articles français du capitaine Castex sur la guerre sous-marine, omettant en fait du contexte " *ainsi raisonnent les Allemands* ", ce qui m'a beaucoup surpris.

J'ai dit que j'étais tout à fait sûr qu'il y avait eu une erreur et que notre Amirauté présenterait immédiatement des excuses publiques si l'affaire pouvait être portée à sa connaissance ; il dit que le 7 janvier le Quai d'Orsay s'était expliqué, mais que rien de plus n'était passé. Que dans le même article dont Lord Lee avait inversé le sens, le capitaine Castex avait fait une allusion pointue « *au rôle de salubrité* ». *politique , sauvant la liberté du monde, joué par la Grande Bretagne pendant la guerre* ".

Je lui dis que nous étions trop loin pour savoir ce qui se passait, et qu'il était plus que probable que Lord Lee s'était déjà excusé ; que c'était une erreur déplorable, car le désir des Français d'augmenter leurs sous-marins était compris par l'Anglais moyen comme une menace contre la Grande-Bretagne, car vraisemblablement son pays ne combattrait jamais l'Allemagne sur mer.

Il a dit que chaque nation devrait conserver pour elle-même une certaine réserve de force puisqu'elle avait accepté une forte diminution de ses armées. Je l'ai supplié d'être patient et de se rappeler que les élections de 1918, si douloureusement encourageantes pour le désir naturel des Français de poursuivre une politique de vengeance, n'étaient pas le reflet fidèle de l'opinion publique britannique ; que nous manquions peut-être d'imagination, mais que nous ne croirions jamais à l'idée d'écraser un ennemi vaincu, ni d'essayer de le maintenir à terre pour toujours. Que puisque personne ne pouvait se débarrasser de la race allemande et que la France devait rester leur voisine , il paraissait plus raisonnable d'essayer de décourager la haine qui était improductive ; et qu'ils n'avaient guère de choix à moins que leur intention ne soit de se préparer lentement et régulièrement à une autre guerre. Il rejeta toute idée de vengeance, soulignant que nous étions une île sans frontières et que, deux fois en l'espace d'une génération, leur voisin industrieux et arrogant avait non seulement tué son peuple, mais dévasté son territoire, et ajouta que lui et son leurs compatriotes ne pensaient pas que leurs souffrances morales et financières avaient été traitées avec suffisamment de sympathie ou de justice.

Il a fort bien argumenté, et j'ai senti en le quittant que nous devions faire tout notre possible pour dissiper les soupçons et panser les blessures d'un pays aux côtés duquel nous avons combattu et sommes morts.

J'ai dîné ce soir-là en compagnie d'une cinquantaine de personnes à l'ambassade britannique et j'ai eu quelques entretiens avec notre ambassadeur, Sir Auckland Geddes.

VI
DETROIT ET CHICAGO

INVITÉ DU CLUB DES FEMMES—VISITE FORD WORKS—BELLE MME. MINOTTO – SOLDATS BONUS ET HANDICAPÉS

Le lendemain matin, nous avons quitté Washington pour Détroit, où j'ai été chaleureusement accueilli et où j'ai donné une conférence avec succès. J'ai été diverti par le Women's City Club, à l'invitation initiale duquel j'étais allé à Détroit. C'étaient des femmes intéressantes, qui avaient chacune quelque chose à faire et qui me parlaient de sujets sérieux avec enthousiasme et liberté. Je leur ai dit, en leur disant au revoir, que j'avais été honoré de les rencontrer au déjeuner et que j'espérais que certains d'entre eux m'écriraient quand ils en auraient le temps et me raconteraient un peu plus leur vie.

Après le déjeuner, nous avons roulé dans une belle voiture Hudson – prêtée grâce à la gentillesse de M. et Mme Chapin qui m'avaient été présentés par mon amie artiste Nellie Komroff – pour découvrir les grandes œuvres de Ford à Highland Park. J'ai le regret de dire que je n'ai jamais compris les machines et que le bruit assourdissant, l'odeur d'huile et la marche interminable m'ont épuisé. Je n'ai pas non plus eu de chance de retrouver M. Ford, car j'aurais beaucoup aimé le rencontrer. C'est un homme qui a rendu un grand service à son pays, car il a mis à la disposition de presque tout le monde des automobiles de bas prix et de haute qualité.

*   *   *   *   *   *   *

Nous avons voyagé cette nuit-là jusqu'à Columbus dans le même genre de train horrible : tremblant, chaud et s'arrêtant dehors avant de nous précipiter dans les gares. À notre arrivée, un étranger s'est approché de nous sur le quai et nous a dit qu'il espérait que nous le laisserions nous emmener, nous et nos bagages, à n'importe quel endroit de notre choix ; qu'il avait adoré mon livre et qu'il allait entendre ma conférence. Nous avons été ravis d'accepter son invitation et avons été conduits à l'hôtel. M. Jeffries, le propriétaire du moteur, était plus que gentil et enthousiaste. J'ai essayé de distinguer son beau visage dans une salle de bal où je parlais le soir, mais il était dans la tribune et j'étais trop nerveux pour regarder beaucoup autour de moi.

L'ancien gouverneur Campbell a prononcé un discours d'introduction plein d'esprit et a encouragé mes auditeurs à me poser des questions. Quand tout fut fini, j'étais entouré de plusieurs dames et messieurs du public qui se présentèrent à moi et me demandèrent si je n'allais pas manger des glaces et boire du punch, mais je tombais de fatigue et même mon bel ami qui était plein de félicitations, n'a pu m'empêcher de me coucher en titubant.

J'avais reçu un télégramme de mon manager me suppliant de prendre le train de 7 heures le lendemain matin pour Chicago, à temps pour voir les journalistes le soir. Cette perspective m'a donné une nuit blanche, d'autant plus que j'ai été dérangé, d'abord à minuit par un messager avec un album qu'il voulait me faire signer, et de nouveau à deux heures du matin par le veilleur de nuit qui disait que j'avais négligé de le faire. verrouille ma porte. J'ai utilisé un langage non parlementaire, lui disant que rien ne m'inciterait à verrouiller ma porte, et après une tentative infructueuse pour me calmer, j'ai allumé la lumière et lu « Si l'hiver arrive ».

L'originalité et le pathétique de cette merveilleuse étude m'ont fait pleurer et, plus mort que vif, à 5h30 du matin, j'ai dit à ma femme de chambre que j'allais prendre mon bain.

Les journalistes de Chicago étaient très polis et, entrecoupés de lampes de poche, j'ai réussi les interviews du mieux que j'ai pu. Une des jeunes femmes, qui me suivait jusqu'à l'ascenseur, m'a dit :

"J'aurais aimé que tu ne sois pas aussi charmant et poli. J'aurais aimé que tu te précipites sur moi et que tu m'arraches les cheveux pour que je puisse comprendre l'histoire."

Je l'ai regardée avec surprise et dégoût alors que M. Horton me poussait dans l'ascenseur.

J'ai dîné ce soir-là avec un très vieil ami, le comte Minotto , et j'ai rencontré la première femme d'une vraie beauté que j'ai vue depuis mon arrivée ici. Mme Minotto entra dans la pièce avec de longs bras blancs et un visage d'une pâleur transparente ; ses cheveux noirs brossés en vagues sur son front étaient noués lâchement sur la nuque, et ses beaux yeux brillaient de bienvenue. Nous avons discuté *à trois* pendant trois heures et avant de partir, elle m'a emmené dans sa chambre de nuit. L'infirmière s'est réveillée, mais sa dame lui a dit de ne pas bouger, et après avoir regardé un beau petit garçon, elle s'est glissée sur le côté d'un berceau blanc. Très grande, dans une robe moulante en crêpe noir, j'ai été frappé par la beauté de son attitude et la tendresse de son expression tandis que, penchée sur le lit, elle enlevait le couvre-lit pour que je voie son petit bébé endormi.

Le lendemain soir, j'ai donné une conférence devant le public le plus nombreux et le plus intelligent que j'aie rencontré depuis Boston, et une fois la conférence terminée, les gens sont montés sur scène pour me féliciter et me demander mon autographe.

Le 22 au matin, après avoir demandé à voir le grand hôpital militaire, un ami de M. Horton, qui avait été son secrétaire lors de son travail au ministère des Affaires étrangères à Paris, nous emmena voir l'hôpital Speedway.

Nous avons fait un voyage long et aventureux, dérapant en rond sur la glace, même si nous avancions à un rythme presque funèbre. Des bouffées de vapeur montaient de mes pieds qui semblaient sortir d'une fournaise. M. Horton a insisté pour s'arrêter dans un garage de peur que la voiture ne prenne feu, et notre chauffeur a versé brusquement des bidons d'eau le long des fenêtres pour faire ce qu'il pouvait pour refroidir la voiture.

En arrivant à l'hôpital, nous avons été accueillis par des enquêteurs et des médecins (ces derniers en kaki), - nous avions emmené avec nous Miss Allard, une journaliste d'une intelligence de premier ordre et de belles manières, - et nous avons commencé à nous promener. Le médecin militaire voulut tout naturellement me montrer l'hôpital, que je suppose être le plus grand et le plus parfaitement équipé du monde. Ce bâtiment solide s'étend sur plus d'un demi-mille et a plusieurs étages ; mais je voulais voir les malades, et je déteste les longs trajets et l'attirail opératoire. C'est avec difficulté qu'on me permit enfin de voir les blessés.

Il est difficile de converser avec des hommes fatigués, habitués à la douleur et au lit, mais j'étais heureux de les rencontrer et de leur parler.

J'ai le sentiment, peut-être erroné, qu'ils ne reçoivent pas l'attention qu'ils méritent dans ce pays de l'argent et du cinéma, mais l'hôpital était magnifique, et là en tout cas, ils sont traités avec efficacité et compréhension.

Je ne suis peut-être pas compétent pour juger, mais d'après ce que j'ai observé, les hommes qui ont combattu pendant la guerre — dont beaucoup ont été invalides à vie ou financièrement handicapés — risquent d'être oubliés, ni par le gouvernement ni par les États-Unis. ou dans toute autre partie du monde, mais par le particulier.

La prime ici, même si elle passe, ne pourra jamais être une excuse pour que les riches et les oisifs ne se rendent pas parmi les blessés, ni chez eux ni dans les hôpitaux. Gazés, estropiés et sous le choc, leurs perspectives ne peuvent être que désespérées, et je suis hanté par la peur que dans le tumulte de la vie et ce que l'on appelle à tort le « retour à la normale », les estropiés et les blessés soient négligés. Il est compréhensible que les hommes d'affaires veuillent gagner de l'argent, mais les principes commerciaux ne doivent pas être principalement le reflet d'intérêts personnels et vous risquez de payer un prix trop élevé pour faire fortune.

A part moi, je n'ai vu aucun étranger dans les salles bondées de cet immense hôpital, et d'après les réponses à mes questions, je ne pense pas que ce soit l'habitude parmi les femmes d'ici de leur rendre visite.

VII
PITTSBURGH ET ROCHESTER

**RENCONTRE UN JOURNALISTE INTÉRESSANT—
COMPLIMENTS DU DR. HOLLAND—INCONVENIENTS DE
LA VOITURE PULLMAN—MARGOT VOIT SON PREMIER
FLAPPER**

APRÈS avoir voyagé toute la nuit dans un train qui ne serait pas toléré pendant une journée en Angleterre, nous sommes arrivés à Pittsburgh à 6h30 le matin du 23. Des journalistes et des photographes m'attendaient dans le salon après le petit-déjeuner et, étourdi par le voyage, j'ai posé mes pieds sur un canapé et j'ai attendu leurs questions intelligentes.

J'ai parlé à trois femmes et un homme. Les femmes m'ont demandé si je ne pensais pas qu'elles progressaient rapidement en tant que nation ; J'ai répondu que sans aucun doute l'intérêt pour la politique internationale les rendait moins provinciaux et qu'avec leur vitalité, leur intelligence et leurs ressources, leur pays était voué à exercer une énorme influence politique dans l'avenir, s'il ne le faisait pas déjà. J'ai observé que le journaliste s'y était opposé ; il disait que les hommes d'idées et les capitaines d'industrie se battaient tout le temps, et que la presse américaine flattait le goût du public en le maintenant dans l'ignorance de la vérité. Les dames contestèrent cela et, l'appelant « Bruce », lui demandèrent s'il pensait qu'elles ne vénéraient pas leurs grands hommes et que tout cela en valait la peine ; ajoutant qu'ils étaient une nation jeune et libre et qu'ils allaient beaucoup trop vite.

En m'adressant à moi, je me sentais obligé de dire que je pensais qu'ils étaient les gens les plus authentiques et les plus hospitaliers, mais que, malgré leur hâte, je les avais trouvés lents ; Je ne pouvais pas non plus dire honnêtement que je les considérais comme une nation libre. J'étais chaleureusement soutenu par l'homme solitaire, qui demandait aux dames où elles avaient observé soit les grands hommes, soit la révérence ; il a dit que le matérialisme sapait l'âme de l'Amérique, que leurs hommes intelligents étaient étouffés, et dans une aparté en français, pendant que les photographes prenaient des lampes de poche, il m'a supplié de le laisser rester après le départ des dames. . J'ai acquiescé, et lorsque la question souvent répétée de savoir ce que je pensais des "flappers" s'est présentée, j'ai écouté distraitement et sans m'engager sur un sujet qui, tout en dérangeant la morale des questionneuses féminines, m'ennuie tellement. à tel point que je crie presque quand on en parle.

Après le départ des dames, M. Horton revint avec « Bruce ». C'est le journaliste le plus intéressant que j'ai rencontré jusqu'à présent.

Il a dit qu'il ne savait pas ce qui était arrivé à l'esprit de ses compatriotes. Que ce soit à cause d'une agitation passagère – suite au chaos des conditions actuelles – ou d'un manque de réflexion naturel et enraciné, mais ce jazz, cette agitation et ces gros titres tuaient l'âme du peuple américain.

"Il existe un antagonisme perpétuel entre la machine, la presse, les faiseurs d'argent et ceux qui tâtonnent dans l'obscurité pour être libres. Quand ils verront la Lumière et connaîtront la Vérité, ce sera aussi mauvais ici qu'aujourd'hui. en Russie aujourd'hui, et, Mme Asquith, " ajouta-t-il, " pourquoi cela devrait-il être le cas ? Nous avons des hommes d'idées, et nous sommes jeunes et passionnés, pourquoi ce qui est bien doit-il être inarticulé ? Vous ne me croirez pas, mais ? dans cet hôtel même, j'entendis un homme dire à un autre :

"'Je ne lis jamais une ligne qui ne me profite pas dans le commerce.'

"Imaginez, après ces cinq années d'angoisse partout dans le monde, qu'on puisse dire une chose pareille ! Je suis un homme pauvre, je n'arriverai probablement jamais, mais je préfère mourir de faim que de dire une chose pareille."

"Avez-vous lu 'Si l'hiver arrive' ?" J'ai demandé.

Il a répondu que oui et m'a dit qu'il en avait été profondément ému ; mais est-ce que je croyais qu'un homme comme Mark Saber pourrait un jour exister ? ne pensais-je pas qu'il émanait d'une puissance sensible et créatrice, mais qu'il n'était pas tout à fait un être réel. J'ai répondu que c'était juste parce que Mark Saber était si humain, et créé par Dieu ainsi que par Hutchinson, que le livre était génial.

"Si nous nous en soucions suffisamment, nous avons tous la capacité de développer certaines des qualités de Sabre, mais nous devons être également indépendants de l'opinion publique, également tolérants et, par-dessus tout, également altruistes et aimants", ai-je dit.

« Vous avez peut-être raison, mais à quoi cela lui a-t-il servi, après tout ?

« Bien sûr, répondis-je, si chaque fois que nous faisons ou disons ce qu'il faut nous espérons réussir, les choses seraient très simples. C'est parce que nous rencontrons toujours des rebuffades que la vie est si compliquée. ce que nous pouvons ; une opinion populaire fondamentalement humble et méprisante. Croyez-moi, vous n'êtes pas le seul pays exposé aux tentations dont vous parlez. Nous ne pouvons vaincre ces inégalités éternelles que par la pitié et le sacrifice de soi, et cela nous a été donné. exemple immortel."

Il se leva et, me serrant fermement la main, dit :

"C'était tout aussi bien que Christ ait été crucifié quand il l'était, car il n'aurait pas survécu longtemps à la haine et à l'antagonisme que ses idées provoquaient parmi les classes conventionnelles, celles qui réussissent et celles qui gouvernent."

Dans l'après-midi, j'ai été transféré dans les bâtiments Carnegie. Grâce à la bonté de M. Church, j'ai été roulé sur une chaise et j'ai profité de la plus merveilleuse institution du genre qui existe. Le Dr Holland, qui m'apprit qu'il connaissait non-seulement tous mes amis littéraires d'Angleterre, mais la plupart des têtes couronnées d'Europe, nous accompagna. Les animaux empaillés dans d'immenses vitrines ne m'attirent généralement pas, mais à l'Institut Carnegie, ils sont présentés avec un tel talent réaliste que j'ai prié d'être présenté à l'homme qui les avait arrangés. On le descendit en ascenseur de son travail, et après lui avoir chaleureusement serré la main, je lui dis combien j'étais fier de rencontrer un si grand artiste.

Le Dr Holland, mon président ce soir-là, a eu la gentillesse de me donner le brouillon de son discours d'introduction :

"Mesdames et messieurs, voisins et amis", a-t-il déclaré.

« L'histoire écrite a été qualifiée de « tissu de mensonges ». La plupart des historiens, comme les portraitistes, estiment qu'il est de leur devoir de transmettre aux personnages qu'ils décrivent un mirage, qui dans de nombreux cas est plus ou moins surhumain ou super-diabolique selon les cas, et de représenter les circonstances telles qu'elles sont. se produit à la lumière du surnaturel. De temps à autre, surgit un écrivain doué de la capacité de voir les choses telles qu'elles sont réellement et qui, pour reprendre une expression courante, « appelle un chat un chat ». À une époque de faux-semblants , il est pour beaucoup plus ou moins choquant de voir de telles personnes prendre la plume et, avec une franchise née de l'honnêteté native, dire la vérité telle qu'elles peuvent la percevoir distinctement. La société est si habituée à la « diplomatie ». Par courtoisie, lorsque celui qui dit la vérité arrive, la société « prend une crise », voyant ses illusions disparaître. Ses prétendues idoles, proclamées comme étant faites d'or pur, se révèlent être de l'argile dorée, et ses diables ne sont plus si diaboliques après. tout cela, et l'audace du diseur de vérité est vigoureusement dénoncée par une époque qui n'appelle que des compliments.

« Nous avons tous lu, du moins moi, avec une grande appréciation et un certain degré d'amusement, « Autobiographie » de Mme Margot Asquith. Je l'ai particulièrement apprécié car il lui a donné des impressions sur de nombreuses personnes que j'ai rencontrées et connues.

"Mme Asquith est l'épouse du grand homme qui était premier ministre d'Angleterre au début de la guerre mondiale. Elle est ici aujourd'hui dans une ville qui porte le nom de ce premier ministre d'Angleterre qui a tenu la tête de État pendant les guerres napoléoniennes.

"J'ai l' honneur de vous présenter Mme Margot Asquith, épouse du très honorable Herbert Henry Asquith. Elle est l'une des femmes les plus célèbres d'Angleterre."

Gêné par le fait de savoir que nous devions prendre le train de nuit pour Rochester et inexpérimenté dans le timing de ce que j'avais à dire, je me suis rendu compte en m'asseyant que j'avais écourté ma conférence d'une demi-heure. Pour compenser cela, et encouragé par les gens du premier rang qui se sont levés pour me serrer la main, je les ai invités à monter sur l'estrade. Ils se sont rassemblés en grand nombre et j'ai organisé une réception informelle qui a rencontré un succès inattendu.

Nous avons roulé en silence jusqu'à la gare. J'avais la conviction, que ma secrétaire n'a pas tenté de contredire, que j'avais été un échec. M. Horton a déclaré qu'il craignait que la nouvelle de ma conférence réduite ne parvienne à la presse influente et ne porte préjudice à ceux qui pourraient vouloir m'entendre dans les villes où je devais parler. Sachant dans mon cœur que j'avais reçu à chaque occasion plus d'éloges que je n'en méritais, et étant d'un tempérament qui n'est pas assommé par l'échec, j'ai essayé de lui remonter le moral pendant que le nègre arrangeait mon lit, mais sans le moindre succès.

Les trains, tant aux États-Unis que dans le Dominion, ont tous les défauts ; ceux du Canada sont encore pires qu'aux États-Unis. Si vous voyagez de jour, vous faites partie des vingt-quatre hommes, femmes et enfants assis sur des chaises tournantes et dures, qui se regardent les uns les autres. Vous ne pouvez pas vous dégourdir les membres, ni fumer une cigarette, et pendant que vos oreilles sont assourdies par les cris des bébés, vos jambes sont brûlées par les pipes bouillantes. Si vous êtes assez riche, vous pouvez avoir un salon, mais il n'y en a pas dans tous les trains. Quand on voyage de nuit, hommes et femmes se superposent, boutonnés derrière une allée de rideaux de coton vert. Vous ne pouvez pas remplir vos bouillottes ni prendre le thé le matin. En titubant jusqu'à votre couchette privée entre les bonds de la locomotive, vous avez de la chance si vous ne tombez pas sur les pieds saillants de vos compagnons de voyage , ou si vous ne vous retrouvez pas assis sur le visage d'une dame endormie, allongée *derrière* les tentures. L'intimité est inconnue et, même si j'ai parcouru des milliers de kilomètres, je n'ai pas encore rencontré le train qui, à moins d'avoir l'équilibre d'une danseuse de ballet, ne vous causera pas de commotion cérébrale ou cérébrale.

Après une nuit blanche, nous arrivâmes à Rochester où je récupérai les journaux du matin. Grâce à un charmant journaliste, MCM Vining, venu de loin pour m'entendre parler à Pittsburgh, j'ai eu une excellente critique.

Mon séjour fut si court à Rochester, où je donnai des conférences sous les auspices du Press Club, que je n'eus pas le temps de me faire une idée de l'endroit, mais les gens furent tous très bons avec moi.

Le 26, nous avons rencontré à Buffalo la mère de M. Horton, une vieille dame raffinée et charmante, qui voyageait avec nous dans le train pour Toronto.

En rencontrant M. Vining dans le couloir, j'ai pensé que si je l'amenais dans notre salon, cela donnerait à ma secrétaire l'occasion de parler à sa mère et je l'ai invité à nous rejoindre. Nous avons eu une excellente conversation et je lui ai dit que, pour la première fois de ma vie, j'avais vu une "claquette". En attendant dans la rue ensoleillée devant la gare de Buffalo, j'avais aperçu deux jeunes filles en jupe courte qui riaient avec leurs admirateurs armés de kodaks . L'un des jeunes hommes jeta sur son épaule une jeune fille qui lui étendit les jambes pendant que l'autre la photographiait. J'ai ajouté que, tout en priant pour ne plus jamais être interviewé sur le sujet, je serais dans une meilleure position pour répondre à mes ardents questionneurs à l'avenir.

VIII
TORONTO ET MONTRÉAL

MARGOT RACONTE UNE HISTOIRE DE MARK TWAIN — CAPTURE LE PUBLIC DE TORONTO ; KISSES CHARWOMAN—LES DAMES DE MONTRÉAL RÉPUTANT ET CRITIQUE

CE soir-là, nous sommes arrivés à Toronto et j'ai donné une conférence le 29. Mon président, le révérend Byron Stauffer, a prononcé un discours merveilleux et j'ai été écouté par un public attentif et intelligent.

Je trouve que la prohibition est un sujet de discussion fructueux.

Pour l'information de tous ceux qui pourraient penser, comme moi, que la consommation d'alcool a diminué et qu'en conséquence tout le monde ici est sage, sobre et heureux, je peux seulement dire que c'est l'inverse qui est la vérité.

Je ne peux pas parler des classes les plus pauvres, pour lesquelles, de toute façon, la loi est dure, mais parmi les riches, je ne pense pas qu'il y ait jamais eu autant d'alcool caché et apprécié qu'à l'heure actuelle en Amérique. Les jeunes hommes et les jeunes filles qui, avant cette intervention exagérée, se seraient contentés du vin le plus léger, pensent qu'il est judicieux d'enfreindre la loi chaque jour et chaque nuit de leur vie. J'ai raconté à mon auditoire que M. Clemens (mieux connu sous le nom de Mark Twain) m'avait invité à dîner il y a de nombreuses années chez un de mes homonymes (Mme Charles Tennant, dont la fille Dorothy avait épousé Stanley) et avait dit moi d'un grand orateur américain de la tempérance qui, ayant trop exercé sa voix, avait demandé au président de fournir du lait au lieu de l'eau lors de sa réunion. En me tournant vers le révérend Byron Stauffer, qui est un grand prédicateur de tempérance – dont je n'étais pas au courant – j'ai dit :

"Le président - probablement un homme gentil comme le mien - a mis du rhum dans le lait, et lorsque l'orateur, s'arrêtant dans l'une de ses périodes les plus dramatiques, s'est arrêté pour se racler la gorge, il a vidé le verre et l'a reposé en s'exclamant :

"Mon Dieu ! quelles vaches !"

J'ai continué en parlant d'une dame qui louait sa maison et, après avoir informé le commissaire-priseur de la valeur de ses chaises, de ses meubles et de sa porcelaine, l'avait laissé dans la salle à manger où le buffet contenait plusieurs bouteilles de vin et du whisky dessus. Elle attendit longtemps en espérant qu'il reviendrait lui montrer l'inventaire, mais comme il ne paraissait pas, elle entra dans la salle à manger où elle le trouva ivre, par terre. Elle regarda le papier qu'il tenait à la main et lut :

"À un tapis tournant."

Ne voulant pas répéter l'erreur que j'avais commise à Pittsburgh, j'ai parlé pendant une heure et quinze minutes, durée que personne ne peut espérer supporter, et comme nous avions un peu de temps avant de prendre le train de minuit, j'ai invité mon auditoire à La scène. À ce moment-là, la plate-forme fut prise d'assaut et je fus saisi par les mains et les bras, comblé de compliments et, à aucun moment, une silhouette robuste, si encombré et écrasé que je me sentais étouffé. Mon révérend président a fait de son mieux, mais ce n'est que lorsque M. Horton, d'une voix tonitruante, les a suppliés de ne pas me déranger car je devais prendre un train, que j'ai été autorisé à bouger. Ils se sont tous précipités vers la porte de la scène en criant :

"Nous pensons que vous êtes merveilleux !" "Pourquoi ne peux-tu pas rester avec nous ?" "Tu dois revenir!" "Tu es parfaitement adorable !" etc.

Nous avons dû verrouiller une des portes de la salle verte, mais tandis qu'on me donnait du cognac et que je me félicitais de mon président et de sa famille, une très vieille femme de ménage a jeté un coup d'œil à une autre entrée et a dit avec une timidité émue :

"Excusez-moi, mais bien que je ne sois qu'une pauvre vieille qui balaie la scène, je voudrais vous serrer la main. La dernière personne célèbre à qui j'ai parlé était Mme Calvé , dont nous étions tous fous; je puis dire elle m'a laissé lui baiser la main.

Je me retournai et embrassa la vieille dame sur ses deux joues ridées, ce à quoi elle me bénit et fondit en larmes. J'avais envie de faire de même, mais j'étais stabilisé par la présence de mon joyeux président et de ses relations. C'est avec un sentiment de gratitude tendu que j'ai entendu l'annonce de notre voiture. Accroché au bras de ma secrétaire, je me balançais au milieu d'une foule enthousiaste rassemblée sur le trottoir. Ils applaudissaient, agitaient des mouchoirs et jetaient leurs chapeaux. La moitié du public semblait avoir attendu et rassemblée autour de notre automobile, et nous avons eu les plus grandes difficultés à l'atteindre. Sachant que ce genre de chose ne m'arrivera probablement plus jamais, et avec une pointe de vanité que je ressens rarement, j'aurais aimé que mon mari soit là pour assister à mon triomphe inattendu.

Dès notre arrivée à Montréal, j'ai vu les journalistes et, dans l'après-midi, j'ai prononcé mon discours.

J'ai été présenté au Théâtre de Sa Majesté par une charmante femme, parente de la célèbre Lady Drummond, Mme. Huntley Drummond – et a parlé à une assemblée féminine dans un blizzard de dames. Pour citer mon premier ami bien-aimé, M. John Hay, "Je me détends comme de la sauce de mouton", et si ma présidente n'avait pas quitté la scène pour m'apporter mon boa de fourrure, j'aurais dû contracter un catarrhe permanent qui aurait réduis ma voix à un murmure. J'ai été soulagé – un sentiment que je pensais que le public partageait – à la fin de ma conférence.

Le Théâtre de Sa Majesté est un lieu odieux pour parler, et soit à cause de la fatigue d'un voyage nocturne, soit à cause du raffinement de mes auditrices, je me suis fait une impression défavorable des mœurs intellectuelles et de la vitalité de Montréal. Lorsque je me suis retiré dans les coulisses de la scène, j'ai montré à Mme Drummond deux femmes au premier rang dont l'attention et l'enthousiasme avaient fait toute la différence pour moi pendant la conférence. L'une d'elles avait un visage masculin, avec une expression sérieuse et belle, et sa voisine était une charmante créature.

"Ceux-là," dit-elle, "sont Mme Hayter Reed et Mme Lawford ."

Heureusement pour moi, ils sont arrivés au salon vert, accompagnés d'Oswald Balfour, secrétaire militaire du gouverneur général, suivi d'un vieil homme avec un énorme sac de clubs de golf et de plusieurs autres personnes amicales. Le vieux m'a montré une photo de mon père qui lui avait été offerte sur les liens de Carnoustie , et qui m'a profondément touché ; et mes amis au premier rang, après m'avoir embrassé sur les deux joues, m'ont assuré qu'ils avaient été ravis par tout ce que j'avais dit et qu'ils aspiraient seulement à me voir davantage. Mme Drummond, une femme d'une intelligence rare, s'est jointe à cet éloge, et après qu'Oswald, dont la mère, Lady Francis Balfour, est la meilleure oratrice d'Angleterre, ait déclaré que ma production vocale, ma manière générale et mon débit étaient professionnels, j'ai pris ma retraite. d'une entreprise répressive et critique.

Mon hôte ce soir-là était Sir Frederick Taylor, et j'ai rencontré Lady Drummond et M. Charles Hosmer dans sa belle maison. Il était plus que gentil avec moi et j'ai découvert qu'ils connaissaient la plupart de mes amis personnels. Lorsque Lady Drummond a dit que j'avais un beau sourire et que les journaux ont dit que j'avais une voix en or, je me suis senti moins épuisé lors de mon voyage vers Ottawa.

Personne qui n'a pas fait une tournée en Amérique ne peut imaginer la fatigue des ascenseurs bondés, des trains tremblants et des voyages perpétuels.

IX
DANS LA CAPITALE DU CANADA

Apathie et reproduction du public d'Ottawa—ENTRETIEN INTIME AVEC LE PREMIER MACKENZIE KING—LA STATUE DE « SIR GALAHAD » ET SON HISTOIRE

Nous sommes arrivés à Ottawa le premier mars et avons déjeuné avec Sir George Perley et sa femme (qui s'était liée d'amitié avec moi sur le *Carmania*). Lady Perley est un trésor de gentillesse et de compréhension, et rien de ce que je pourrais faire ne la récompensera.

Au déjeuner, j'ai rencontré M. Meighen et le premier ministre canadien. En invitant le ministre vaincu et M. MacKenzie King à se rencontrer, mon hôtesse m'a rappelé les premiers jours où, dans la maison de mon père, M. Gladstone, Lord Randolph Churchill et d'autres ministres de partis rivaux se rencontraient et discutaient de politique.

J'ai été reconnaissant envers M. Meighen pour la cordialité avec laquelle il m'a accueilli, car la presse canadienne inventive avait ajouté ses propres réflexions impromptues à ce que j'avais dit de lui. Je me suis assis à côté de M. MacKenzie King, mais comme nous n'avions aucune possibilité de conversation privée, il m'a invité à aller souper chez lui après la conférence.

La capitale du Dominion est une belle ville, merveilleusement située et, bien qu'elle soit couverte de neige, elle était vivante et rayonnante de paillettes et de soleil.

On pouvait difficilement imaginer un plus grand contraste avec le public de New York, Boston, Chicago, Rochester ou Toronto que celui auquel je m'adressais à Ottawa, et j'ai reconnu une partie de l'apathie et de l'élevage qui avaient caractérisé mes auditeurs à Montréal. J'ai été présenté à plusieurs personnes choisies et à la mode et un monsieur m'a fait un inventaire de notre aristocratie britannique, dont la plupart il avait connu et avec qui il avait séjourné. J'avais envie de poser mon bras sur son épaule et de lui dire avec sympathie : « Peu importe ! mais s'est abstenu. Une fois la conférence terminée, je me suis rendu en voiture aux appartements privés de M. King.

Le premier ministre canadien est un homme selon mon cœur; astucieux, droit, modeste et cultivé. J'ai été surpris de constater à quel point il connaissait non seulement la situation politique en Angleterre, mais aussi les principaux personnages concernés. Après avoir discuté de M. Lloyd George, M. Churchill, Lord Birkenhead et de l'ami canadien de M. Bonar Law, Lord Beaverbrook, nous avons parlé de Sir Wilfred Laurier, du président Harding et de M. Hughes. Il a parlé avec une véritable admiration du discours de M.

Hughes et de la Conférence de Washington et a condamné avec moi les nombreuses confabulations futiles qui l'avaient précédé.

Il m'a posé des questions sur l'État libre d'Irlande et les conditions de travail en Angleterre. Comme il avait réglé la plupart des grèves canadiennes, il s'intéressait au chômage.

Je lui ai dit que « la terre digne des héros » était une station balnéaire moins à la mode qu'on ne le pensait généralement ; et que grâce à la politique de « représailles officielles », le terrain n'avait pas été préparé de manière à encourager Craig ou Collins à accorder une confiance implicite à la Coalition. Il m'a dit que les représailles avaient été un choc pour toutes les personnes réfléchies ; et, me montrant une belle image italienne de Notre-Seigneur accrochée au mur, me demanda si sa vie m'avait captivé autant que lui.

J'ai dit que suivre ses traces me paraissait être la seule chance que nous puissions avoir d'acquérir cette pureté de cœur qui nous permettrait de voir Dieu ; et s'approcha pour examiner la photo.

Il ne faut pas un long séjour au Canada pour prédire que M. MacKenzie King aura besoin de tout son courage et de son indépendance s'il veut résister à l'hostilité de ses adversaires conservateurs et à la mode ; mais s'il parvient à se faire connaître des hommes réfléchis, son administration devrait s'avérer couronnée de succès.

Le lendemain, j'étais de nouveau l'invité du premier ministre et j'ai rencontré l'un des deux députés en exercice d'Ottawa, M. Hal McGiverin ; Le député. Dr Henri Béland (ministre du Rétablissement civil des soldats), qui était un médecin distingué en Belgique au début de la guerre. Il a écrit « Mille et un jours dans une prison de Berlin » après avoir été fait prisonnier par les Allemands et incarcéré pendant plus de trois ans. Pendant son incarcération, sa femme est décédée en Belgique et il n'a pas été autorisé à assister à son lit de mort ni à ses funérailles. Le député. George Graham, ministre de la Milice, dont le fils unique a été tué pendant la guerre ; Le député. Monsieur Lomar Gouin , ministre de la Justice, et la seule autre dame, Mme GB Kennedy, constituaient notre déjeuner. Nous avons eu une conversation générale, que mon beau-fils Raymond a décrite un jour comme une série de « vilains rushs et de pauses gênantes », mais cette fois-ci, elle a été fructueuse, puisque nous avons discuté, entre autres sujets, de politique et de littérature.

J'ai demandé à mon voisin quelle était cette statue qui offrait une vue si magnifique près du Parlement. Il a dit qu'il s'agissait de « Sir Galahad », qu'il avait été érigé en mémoire d'un acte d'héroïsme et qu'il ne portait aucune autre inscription. Il m'a raconté qu'un jeune homme appelé Henry Albert Harper patinait avec un ami lorsqu'il a vu un couple devant lui disparaître dans la rivière lors d'une rupture soudaine de la glace. Il envoya son compagnon sur le rivage chercher du secours, et, se couchant, étendit sa canne pour voir si la dame dans l'eau, ou son amie, pourrait l'attraper. Voyant que c'était impossible, puisqu'aucun d'eux ne pouvait l'atteindre, il se leva et ôta son manteau. Les autres patineurs l'ont imploré de ne pas tenter de les sauver car cela signifierait une mort certaine.

"Que puis-je faire d'autre?" dit le jeune Harper en se plongeant dans le courant glacial. Leurs cadavres ont été retrouvés le lendemain matin.

Apprenant que M. MacKenzie King avait écrit un mémoire sur Harper, qui avait été son plus grand ami, je l'ai supplié de m'en donner une copie. Il me l'a envoyé avec son autographe et m'a demandé de signer son volume de ma propre autobiographie. J'étais vraiment désolé de dire au revoir au premier ministre canadien.

Nous sommes retournés à Montréal le lendemain matin où j'ai trouvé dans ma chambre un jardin de fleurs offert par Mme Reed, Mme Lawford et Lady Drummond. Ce soir-là, je me suis adressé à une salle de bal pleine de chaises et de lustres vides, mais j'ai été consolé par mes fleurs et par les dames avec lesquelles je suis ensuite allé souper ; et j'espère et je pense avoir noué des amitiés durables avec Mme Hayter Reed et Mme Lawford .

Mme Reed m'a raconté que le petit fils d'amis à elle, qui avaient toujours refusé de rencontrer un juif, les avait un jour déconcertés en leur disant d'une voix de reproche :

"Mère, tu ne m'as jamais dit que Jésus-Christ était juif."

Voyant une expression de détresse sur le visage de sa mère, il ajouta d'un ton consolant : "Mais cela n'a pas d'importance, puisque Dieu était presbytérien."

Etant éveillé cette nuit-là, je me demandais ce que j'aurais ressenti si j'avais épousé un homme qui avait consenti à être soit gouverneur général du Canada, soit vice-roi de l'Inde. Je ne peux imaginer aucune carrière, à l'exception peut-être de celle d'une petite royauté, qui m'aurait autant d'importance. Toutes les grandes fonctions, le prestige personnel, les paysages merveilleux, les cochonneries dans l'Est ou le patinage dans le Dominion, ne compenseraient pas pour moi des amitiés sans intimité et de la grandeur sans gaieté. J'en suis arrivé à la conclusion que seuls des hommes d'une certaine sorte de vanité et d'ambition, ou animés par le plus haut sens du devoir public, pourraient jamais être trouvés pour occuper ces postes honorables .

X
RÉFLEXIONS EN GRAND

INCONVÉNIENTS DU JOURNALISME AMÉRICAIN – TITRES SENSATIONNELS ; PEUR DE LA PRESSE—CONTROVERSE SUR L'INTERDICTION AVEC LORD LEE—IMPRESSIONS DU SÉNAT AMÉRICAIN

Nous avons pris notre petit-déjeuner à 5 h 30 le lendemain matin et sommes arrivés à New York à dix heures du soir, pour être accueillis par une salle remplie d'hommes de presse. Quand les femmes journalistes commencent par me dire :

"Qu'en pensez-vous, Mme Asquith, avec votre connaissance approfondie des nombreuses tendances du fonctionnement de l'esprit féminin, des probabilités modernes, etc., etc.", je me souviens de l'excellente phrase de Sir Walter Raleigh, "Trébuchant". vers le haut dans le vide. »

Une de ces dames enthousiastes, vérifiant ses compagnons masculins plus intelligents, dit :

"Dites-moi, Mme Asquith, n'est-il pas vrai que vous êtes indifférente à l'opinion de toute personne vivante et que vous aimez dire des choses intelligentes et audacieuses ?" J'ai répondu:

"En effet non ! Je vous laisse faire."

Je leur ai parlé de MacKenzie King, dont ils n'avaient jamais entendu parler, et de ce que M. Horton et moi avions observé au cours de nos voyages sur les conséquences abominables de la Prohibition. J'ai dit qu'il s'agissait d'une mesure d'ingérence tellement exagérée dans la liberté privée qu'aucune personne honnête ne pourrait qualifier l'Amérique de pays libre.

A mon arrivée, je trouvai de nombreuses lettres d'Angleterre sur la crise politique ; et si je peux juger à une telle distance, la Coalition semble condamnée.

Convaincu, comme je l'ai toujours dit, que le gouvernement de parti est la meilleure solution pour la démocratie, je pense que Sir George Younger mérite la Croix de Victoria, et il sera intéressant de voir combien de timides conservateurs retrouveront suffisamment de courage pour le suivre. Les méfaits qui se font entre mon mari et Lord Grey me laissent froid.

Leur amitié n'est pas de nature à se rompre facilement, et la Chambre des Lords et la Chambre des Communes sont des institutions distinctes.

Entrave comme je l'ai toujours été par un malheureux mélange de vérité et d'impatience, et épuisé par le voyage de dix-huit heures, j'avais peur de n'avoir été ni aimable ni informatif envers les journalistes à mon arrivée à New York, mais en parcourant les journaux le lendemain matin, j'ai découvert qu'ils m'avaient traité avec gentillesse et courtoisie.

Le journalisme ici n'est pas seulement une obsession mais un inconvénient qui ne peut être surestimé. Les hommes politiques ont peur de la presse et, de la même manière que les corridas ont un effet brutal sur l'Espagne (dont elle n'a pas conscience), les gros titres de meurtres, de viols et d'ordures excitent et démoralisent le public américain.

Je tiens à préciser que ce ne sont pas les journalistes mais les propriétaires des journaux qui doivent être censurés. À l'exception de quelques oies bavardes et jaillissantes, qui trouvent intelligent de poser des questions insensées et dénuées de sens, les journalistes masculins que j'ai rencontrés étaient non seulement sérieux et intelligents, mais aussi des hommes avec qui j'ai discuté de littérature, de politique et de religion ; mais je présume que leurs rédacteurs ne seraient pas payés pour publier des conversations de ce genre. À la une des journaux, même dans les meilleurs journaux, paragraphe après paragraphe, sont repris des descriptions dans un anglais médiocre de futilités dévastatrices. Des jeunes hommes violents et ignorants, ou « flappers », auxquels le public d'ici semble prendre un intérêt contre nature, pourraient facilement supposer que leur meilleure chance de succès dans la vie réside dans la création de sensation. A quoi peut-il servir de créer de la sensation ? A qui profite-t-il ? Quelle influence ce genre de choses peut-elle avoir sur la morale d'une nation grande et vitale ? Si le Christ, avec ses avertissements contre la mondanité, devait descendre aujourd'hui, après l'avoir entendu une seule fois, la foule ne le crucifierait pas, elle le tuerait à vue.

Il suffit d'examiner les commentaires des journaux sur Abraham Lincoln pour constater que même à cette époque, les abus et les fausses déclarations étaient monnaie courante. Il a été persécuté et vilipendé chaque jour de sa vie ; mais, comme mon mari, il était à l'épreuve de la presse.

Si seulement les éditeurs s'en rendaient compte , suivre l'opinion publique au lieu de la guider serait finalement ennuyeux et rendrait la lecture monotone.

En Angleterre, nous essayons d'élever nos normes journalistiques au niveau de celles des États-Unis, mais, sans prétendre à une supériorité indue, je ne pense pas que nous y parviendrons. Il y a suffisamment de bon sens parmi notre peuple pour atténuer un tel malheur, et il suffit de rappeler les élections générales de 1905-1906, où tous les journaux du matin à Londres, à l'exception du *Daily News* , étaient contre nous, pour réaliser l'impuissance de notre peuple. la presse.

La peur est aussi improductive que méprisable, et jusqu'à ce qu'un grand homme ait le courage de briser le pouvoir de la presse en Amérique, le progrès ira toujours au-delà de la civilisation .

*   *   *   *   *   *   *

J'ai roulé en tenue de soirée pendant trois heures dans une banlieue de New York. Je suis tellement fatigué des abominables trains qu'un avion ou une poussette me soulageraient, et la route de Montclair était pleine d'intérêt. Le ciel palpitait de carmin et d'or, et les lumières variées de vert et de blanc, reflétées dans une rivière sentinelle de chaque côté par de hauts bâtiments noirs et des tours pointues, me laissaient une impression d'une beauté semblable à celle de Whistler.

Nous avons dîné avec des gens enthousiastes et hospitaliers et j'ai donné une conférence devant un public enthousiaste. Je ne sais pas comment cela se passe avec les orateurs professionnels, mais avec les amateurs, le président et le public prononcent le discours. Le Révérend Swan Wiers m'a présenté dans un discours éloquent pour lequel je l'ai chaleureusement remercié.

Je suis arrivé à Providence le lendemain pour être interviewé par trois jeunes femmes. Après les questions habituelles sur les sous-vêtements de la princesse Mary et les « clapets », l'une d'elles m'a dit qu'elle était venue me poser des questions sur le plus grand homme d'Angleterre. Je lui ai dit que nous en avions tellement que je lui serais reconnaissante de pouvoir indiquer celui dont elle parlait.

"Voulez-vous me dire qui sont vos grands hommes ?" elle a répondu.

"Eh bien," dis-je, "nous avons Hardy, Kipling, Lord Morley, Lord Grey, Lord Buckmaster et M. Balfour."

"Oh non!" elle a répondu: "Je veux tout savoir sur Lloyd George."

"Je crains que vous n'ayez à lire vous-même sur lui", dis-je, "et si vous pouvez parcourir les colonnes quotidiennes de films, de clapets, de meurtres et de gros titres, ici, jusqu'à nos potins anonymes sur Downing Street dans mon pays, vous peut découvrir ce que vous voulez savoir.

Les autres dames intervinrent lorsqu'elle rétorqua :

"Alors tu refuses de me le dire ?" et comme, la lumière électrique s'étant éteinte dans tout l'hôtel, nous louchions sur une seule bougie, j'ai cru bon de mettre fin à leurs questions intelligentes.

Le public de Providence était principalement composé de chaises vides, mais c'était une salle immense et, à la fin de la conférence, quelques-uns des cinq cents auditeurs sont venus me demander de signer mon nom sur divers albums et sur des bouts de papier. Ils ont dit:

"Vous nous avez donné une conférence si merveilleuse ce soir que vous devez revenir ici." Ce à quoi j'ai répondu en souriant :

"Jamais au monde ! Parler pendant une heure quinze à des gens qui n'applaudissent jamais, c'est comme se cogner la tête contre un mur." A quoi une des dames dit :

"Vous avez tout à fait raison, Mme Asquith, il y a une grande apathie et un manque de manières à Providence."

"Pourquoi devriez-vous applaudir," dis-je, "si cela ne vous intéresse pas ?" A cela, ils protestèrent tous.

"Nous avions peur de manquer un mot de ce que nous appréciions", a déclaré une charmante femme, à laquelle j'ai répondu :

"Je serais resté aussi immobile qu'une statue si l'un de vous avait pensé à m'encourager !"

Nous avons pris le train de minuit pour New York où nous sommes arrivés à six heures le lendemain matin, et j'ai eu l'impression de rentrer chez moi.

Le 8 mars, le *New York Times* publiait en Une :

"LORD LEE DÉFEND LES JEUNES FEMMES AMÉRICAINES

"Les accusations de Mme Asquith sont cruelles, ridicules et fausses !"

" S'exprimant lors du déjeuner de l'Union anglophone, Lord Lee a déclaré que la déclaration attribuée à sa célèbre compatriote actuellement aux États-Unis était aussi cruelle que ridicule et fausse. Il a ajouté qu'il pouvait témoigner de trente années d'expérience personnelle. observation en Amérique, et d'informations fiables provenant de divers milieux et qu'il parlait sérieusement.

Lord Lee n'a qu'à venir ici pendant dix jours pour changer d'avis. Moi aussi, je parle sérieusement et je suis fortement en faveur de la tempérance. Le contrôle des alcools a été, parmi beaucoup d'autres réformes, l'ambition politique de mon mari depuis qu'il est devenu ministre, mais comme ce qu'on appelle « le commerce » a les votes et la bénédiction du Parti conservateur en Angleterre, tous nos projets de loi visant à contrôler il a été contrecarré par la Chambre des Lords.

Nous buvons moins que nos ancêtres , non pas parce que nous sommes plus moraux, mais pour des raisons de santé. Notre peuple aime le sport ; et vous ne tirerez pas ou ne roulerez pas aussi droit si vous vous adonnez au champagne, au porto, aux liqueurs, aux eaux-de-vie et autres boissons pendant la nuit .

La première question qu'on m'a posée lorsque j'ai débarqué sur le sol américain a été de savoir si j'approuvais la Prohibition. J'ai dit que je pensais que c'était une bonne idée et un exemple qui serait finalement suivi par le monde entier ; Je supposais que les vins légers et la bière modifieraient avec le temps cette mesure quelque peu exagérée ; mais comme il s'était avéré que la plupart des hommes reconnus coupables de crimes de violence étaient sous l'influence de l'alcool, les prisons et les asiles seraient progressivement vidés. J'ajoutai que beaucoup d'hommes célèbres, ainsi que de jeunes hommes prometteurs et certains des meilleurs serviteurs que j'avais connus dans ma vie, avaient été ruinés par la boisson, et que c'était un sujet qui me tenait profondément à cœur.

Je vis immédiatement que ce que je disais était impopulaire, mais j'ai répété la même opinion dans toutes mes premières conférences, ajoutant que la goutte, les rhumatismes, l'arthrite et d'autres maladies nerveuses ont été, sinon contractées, certainement favorisées par l'intoxication alcoolique héritée de l'alcoolisme. des générations d'hommes qui ont trop bu.

Une très courte visite ici m'a convaincu que la Prohibition, telle qu'elle est actuellement administrée, est à la fois « ridicule et cruelle ». Les aisés peuvent obtenir les boissons qu'ils souhaitent. Jeunes hommes et femmes, mais aussi adultes, partagent avec leurs amis et admirateurs tous les plaisirs que procure le fait de défier la loi. D'après ce qu'on m'a dit, je n'ai aucun doute sur le fait que le pouvoir du lobby de la Saloon League devait être brisé et que les hommes qui y sont parvenus méritent les plus grands éloges, mais peut-on vraiment dire que la loi de la Prohibition est respectée ? M. Volstead ou M. Pussyfoot Johnson sont-ils satisfaits de l'état actuel des choses dans leur pays ?

Il y a un texte à Saint-Jean,

"La Vérité vous rendra libre."

Ici, la vérité ne manque pas, mais il y a un manque de liberté, et je pense que la presse qui est tenue au courant de ce qui se passe pourrait faire bien plus que ce qu'elle fait avec ses pouvoirs en la matière.

Il ne peut pas être normal que des jeunes voient leurs parents et amis tricher avec la loi chaque jour de leur vie. Et lequel d'entre eux pense à réconforter les pauvres, qui sont sans doute aussi fatigués de leur travail que les oisifs de leurs plaisirs ! Ce que j'ai dit sur toutes les tribunes et que Lord Lee, dans un désir généreux de défendre la jeunesse de ce pays, nie, n'est pas « cruel, ridicule et faux », mais une platitude.

J'ai reçu des lettres signées de tous les coins du pays me remerciant d'avoir exprimé mon opinion, et je citerai l'une d'entre elles :

" *New York* , 9 mars 1922.

Madame ,

« Si vous voulez une preuve très substantielle de l'exactitude de votre remarque selon laquelle les jeunes filles s'enivrent dans les bals, il vous suffit d'envoyer quelqu'un, discrètement, à [je ne donnerai pas le nom de l'endroit] pour obtenir de les serveurs et serveuses racontent l'état lamentable dans lequel des dizaines de filles ont été ramenées chez elles après deux bals récents organisés à l'Hôtel ———, l'un des hôtels les plus en vogue de la banlieue de New York.

"Ce n'était pas la faute de la direction, et on m'a dit que de telles danses ne seraient plus autorisées là-bas.

"Je suis la sœur très dégoûtée d'une des jeunes filles et je m'efforce de la dissuader d'accepter des substances intoxicantes lors de ces soirées. Les vôtres, etc."

[Je ne publierai pas la signature.]

Ceci n'est qu'une des nombreuses lettres que j'ai reçues sur le même sujet.

Après que le *New York Times* eut publié la déclaration de Lord Lee et que j'eus clairement exposé ma position, on m'envoya une coupure de presse, dont je ne sais de quel journal il s'agissait.

"Margot s'aligne sur les ennemis de la prohibition : elle s'est tournée vers les anti-prohibitionnistes."

Ceci est caractéristique de l'inexactitude de la presse américaine. Les rédacteurs ne font pas de distinction entre les demi-notes et les cris, mais personne n'a besoin de prendre cela au sérieux car le crime et les gros titres feront bientôt oublier à leurs lecteurs soit ce que Lord Lee a dit, soit ce que j'ai controversé.

Le 10, ma fille Elizabeth m'a emmené à une fête caritative à la mode dans une grande salle de bal de New York, où j'ai entendu mon gendre parler pour la première fois. Je lui enviais son sang-froid ; car, bien qu'on me dise que mon maintien ne me trahit pas, je suis si nerveux avant les soi-disant « cours » que je ne mange rien, et si épuisé après, que le moindre repas me donne une indigestion.

Ayant souffert d'un public qui, bien que plus qu'appréciatif, applaudissait rarement, Mme Frank Polk et moi étions déterminés à ce qu'Antoine Bibesco ne connaisse pas le même embarras. Nos intentions amicales furent toutefois contrecarrées, car tout ce qu'il disait fut accueilli avec enthousiasme. Son beau visage, ses belles manières et la popularité de sa femme (bien qu'il ne soit pas d'usage de faire l'éloge de sa fille) les ont rendus très aimés dans ce pays hospitalier.

En quittant le spectacle, j'ai été interpellé par une journaliste :

" N'est-il pas vrai que sans Son Altesse le Prince Bibesco vous n'auriez jamais publié vos journaux, Mme Asquith ? " elle a demandé. Ce à quoi j'ai répondu :

"Je n'ai pas publié mon journal. J'ai écrit le premier volume de mon autobiographie, encouragé par certains de mes amis, mais personne n'a critiqué mes efforts littéraires avec plus de perspicacité et de perspicacité que mon gendre."

"Ne peux-tu pas me raconter une histoire pour mon journal ?" dit-elle.

La bravoure de M. Nelson Cromwell et la présence d'esprit de Mme Frank Polk m'ont sauvé de la poursuite de la conversation.

M. Clarence Mackay m'a invité à un concert dans sa belle maison après le dîner, où j'ai rencontré certains des hommes américains auxquels je suis le plus dévoué : M. Polk, notre ex-ambassadeur M. Davis et le Colonel House. Je m'assis à côté de ce dernier avec qui j'eus une bonne conversation et, en entendant Kreisler - le plus grand violoniste vivant - et en étant en mesure d'observer l'enthousiasme éclatant d'Elizabeth et l'expression mélancolique de son mari, je me consolai de la voyage de minuit que nous avons fait à Washington une fois la fête terminée.

Mon amour pour mon petit-bébé, les rires des conversations, le papier de soie qu'on déballait devant ma porte et les miaulements de "Minnie" le chat, m'empêchaient de me reposer à mon arrivée le matin, et quand je me rendais au Sénat après le déjeuner, j'avais du mal à rester éveillé. Le Traité des Quatre Puissances était en cours de discussion, mais le débat était languissant et plus de sièges étaient inoccupés que de sénateurs parlant.

A une tribune près, le Sénat me rappelle la *Chambre* de Paris. Tout le monde se promène et vous ne pouvez pas être sûr que l'un des sénateurs parlera depuis le siège qu'il occupait la veille, ce qui rend la situation plutôt déroutante pour un étranger.

À 16 h 30, je suis allé voir M. Hughes au Département d'État. Il est remarquablement beau et possède non seulement une intelligence frappante, mais aussi des manières charmantes. Nous n'avons rien dit qui mérite d'être enregistré. Je lui ai dit quoi, hélas ! il a dû entendre mille fois : la profonde impression que son discours d'ouverture sur le désarmement à la Conférence de Washington avait créée dans mon pays, sinon dans le monde entier ; et ce qu'il ne savait peut-être pas si bien, c'est qu'il n'y a jamais eu de sentiment plus étroit que celui qui existe aujourd'hui entre l'Angleterre et l'Amérique.

Quand je dis cela avec toute l'éloquence dont je peux disposer à chaque conférence, même si cela est toujours applaudi, cela est rarement rapporté, et je lis dans l'un des journaux :

« Ce que Mme Margot Asquith a dit à propos de la poignée de main entre la Grande-Bretagne et les États-Unis est douteux, voire conventionnel. » Je suis heureux d'être qualifié de conventionnel, mais ce que je dis n'est pas douteux ; c'est vrai.

Je vois que dans l'une des lettres récemment publiées de Byron, il écrit à Lady Melbourne :

"J'aurais aimé que... il ne prononce pas son discours à la réunion de Durham une fois par semaine après sa première prestation.

"Toujours le plus népotiquement,
"B."

Mais malgré le sage avertissement de Byron, je répète la même chose dans chaque conférence, parce que je ressens avec passion qu'il est non seulement important que les nations anglophones se tiennent côte à côte, mais aussi vital pour la paix en Europe, et je suis loin de l'original en le pensant.

XI
SYRACUSE ET BUFFLE

VILLE DE CULTURE ET DE BEAUTÉ—LA BEAUTÉ NATURELLE DU NIAGARA MARQUÉE PAR LES PANNEAUX D'AFFICHAGE—MARGOT LIT SUR ELLE-MÊME

Le 13 mars, ma fille et son mari m'ont conduit à Baltimore où, après avoir parlé à un public réactif, nous avons pris le train de minuit pour Utica et de là, nous sommes allés à l'hôtel Onondaga à Syracuse. C'est une ville universitaire pleine de culture et de beauté, et j'aurais aimé avoir le temps d'en voir davantage.

J'ai été présenté à mon auditoire par Dean Richards, une dame compétente et de haut rang au collège, et plusieurs personnes sont venues me parler dans les coulisses à la fin de la conférence.

J'ai reçu de nombreuses lettres et invitations remarquables dans chaque ville que j'ai visitée, non seulement pour déjeuner et dîner, mais même pour séjourner dans des maisons privées. Si j'avais réalisé les grandes distances ici en quittant l'Angleterre, j'aurais commencé plus tôt et fait un voyage plus long, mais je rentre chez moi pour les vacances de Pâques de mon fils et j'ai donc été obligé de refuser beaucoup d'hospitalité. Si quelqu'un lit ces impressions, j'aimerais qu'il sache à quel point sa générosité spontanée m'a touché. Je citerai une lettre qui m'a été remise à Syracuse :

13 mars 1922.

" Mme *Asquith* ,
" CHÈRE Madame ,

"Quand une personne a offert à une autre un cadeau - tel que "Le Journal de Margot Asquith" - la personne favorisée ne devrait-elle pas exprimer sa gratitude au donateur ? Je pense que oui. Et cette conviction doit être l'excuse pour laquelle je fais j'ai l'audace de m'adresser à vous, Mme Asquith, pour vous remercier de nous avoir donné, à nous qui vivons dans un monde si différent du vôtre, un aperçu de votre esprit, si coloré, si vif, si noble, et de son charme. est que cette couleur, cette vivacité, cette verve et ce charme ne sont pas portés consciemment et lourdement, mais sont portés avec légèreté, avec charme, comme un ornement, un bijou.

"Je ne suis ni jeune, ni enclin aux ravissements; je suis plus âgé que vous, et je vous remercie seulement de l'éclat que vos écrits ont jeté sur ma vie; et quand demain soir je vous verrai et vous entendrai à l'Opéra de Syracuse, vous voudrez peut-être savoir qu'une personne parmi tant d'autres heureuses jouit d'une plénitude dont elle n'aurait pas rêvé qu'elle lui viendrait.

"Avec tous mes meilleurs vœux à Mme Asquith, ici sur nos côtes et au-delà de la mer, je suis,

" Cordialement,
" EA S———. "

Il y a d'autres lettres que j'aimerais citer, mais de peur d'ennuyer mes lecteurs, je terminerai par celle-ci, écrite de Chicago :

" *À Margot Asquith* ,

"J'ai lu votre volume il y a un an et j'ai immédiatement décidé que si c'était une fille, je l'appellerais 'Margot'.

"Mardi soir à Orchestra Hall, je t'ai entendu et vu. Ton enthousiasme, ta joie de vivre, la grâce aérienne de tes mouvements et le charme de ton sourire vivront toujours dans ma mémoire.

"J'espère qu'une partie de la richesse de vos qualités ira avec le nom 'Margot' pour ma petite.

"Puissiez-vous vivre longtemps, Margot Asquith, tel est le souhait de,

"MMF———."

Le 16, nous sommes arrivés à Buffalo, où, après avoir vu l'armée habituelle de photographes et de journalistes, nous avons parcouru vingt-cinq milles en voiture jusqu'à Niagara.

J'avais toujours imaginé que le trajet jusqu'aux chutes aurait été long, lent, dangereux et raide ; que ce spectacle étonnant devait être situé dans un endroit sauvage et solitaire, avec éventuellement un hôtel romantique entouré de balcons pour le confort des touristes venus de très loin pour le voir ; tandis qu'on y accède par une route droite, plate et encombrée, avec des tramways poursuivant leur route régulière depuis Buffalo City. Les chutes du Niagara, loin d'être isolées, sont entourées de gazomètres, d'usines sidérurgiques et de cheminées. Il serait aussi ridicule que présomptueux de ma part d'écrire sur leur beauté et leur magnificence, mais lorsque ma servante m'a dit qu'elle s'attendait à ce qu'ils soient plus « bizarres », je ne l'ai pas contredite.

Le frère de M. Horton m'a parlé d'un Irlandais qui, lorsqu'on lui a demandé d'exprimer son opinion, a répondu : « Je ne vois pas ce qui empêcherait l'eau de déborder », mais je me sentais presque trop déprimé pour rire.

On aurait pu supposer que toute la population voisine se serait levée comme une armée pour protester contre une hideuse ville de fumée et d'acier érigée autour des glorieuses chutes du Niagara, et il était caractéristique de la population de Buffalo que notre chauffeur ne s'arrêtait pas. aux chutes, mais, après l'avoir arrêté, il a dit qu'il avait présumé que nous voulions aller à la centrale électrique.

Si jamais je retourne en Amérique, je ne serais pas surpris si une ligne de bateaux à vapeur naviguant en toute sécurité avait été conçue pour descendre les chutes du Niagara.

Je ne pense pas qu'en Ecosse ni le pays de Scott ou du berger d'Ettrick, ni les cols de Killiecrankie ou de Glencoe ne soient jamais déformés à des fins commerciales.

En tant qu'étranger total ayant une expérience courte et précipitée des États-Unis, c'est cela qui m'a frappé plus que toute autre chose. La beauté, si évidente dans l'architecture et dans d'autres choses, semble être sous-estimée, et là où la nature devrait dominer, j'ai été choqué sur chaque chemin que j'ai parcouru par les immenses panneaux d'affichage et les publicités des plus flamboyantes, qui irritent les gens. œil et déformer la vision de ce qui autrement serait inoubliable et inspirant. C'est à peu près la même chose partout. À Chicago, le Michigan Boulevard, avec le joli lac d'un côté et les grands bâtiments de l'autre, s'étendant sur une largeur énorme sur une longue distance, est l'une des plus belles autoroutes du monde ; mais il est gâché par une vulgaire érection à la fin, annonçant je ne sais quoi sur le ciel, dans des ampoules électriques aux couleurs rapides et changeantes .

J'ai découvert que les personnes que j'ai rencontrées étaient principalement intéressées par le rapport suivant sur les réunions d'indignation :

"Blâmez les filles pour ' Snugglepupping ' et 'Petting Parties' à Chicago."

"Les parents masculins 'Flappers' tiennent une réunion d'indignation."

"Les garçons qui ne suivent pas le rythme des Fair Companions sont appelés 'Sissies, Poor Boobs and Flat Tires'."

Je n'ai vu que deux rubriques qui m'ont vraiment intéressé. L'un d'entre eux était :

"Un bon nom."

L'autre : "Recherché, un homme rare : agressif mais travailleur, combattant, mais plein de tact et digne. Il doit avoir une bonne éducation et une apparence qui lui donnera accès aux meilleures maisons."

J'aimerais beaucoup être présenté à l'un des hommes qui répondront à ces annonces, même si je suis convaincu qu'ils se bousculent les uns les autres.

De Buffalo, nous sommes allés à Cincinnati où j'ai lu dans un des journaux :

« MARGOT

"Margot Asquith, épouse de l'ancien Premier ministre anglais, est à Cincinnati.

"Les hommes qui aiment croire qu'ils en savent plus que leur femme ne seraient pas heureux avec une femme comme Margot pour épouse. Elle en sait plus que la plupart des hommes, et il n'y a pratiquement rien dont elle ne puisse ou ne veuille parler.

"Elle a écrit un livre qui est une encyclopédie de l'histoire intérieure de la politique britannique et de l'histoire de son époque.

"Il n'y en a pas beaucoup comme Margot. Les maris qui, longtemps après leur lune de miel, aiment se divertir envieront Asquith sa Margot. Ça doit être agréable d'avoir une Margot à la maison."

Je pensais que l'écrivain me tirait la jambe — pour utiliser une expression d'argot — ou qu'il plaignait peut-être mon mari, mais cela m'a amusé.

<h1 style="text-align:center">XII
INTÉRESSANT ST. LOUIS</h1>

RENCONTRÉ PAR LE MAIRE – UN AUTRE JOURNALISTE INTELLIGENT – DES NOUVELLES DE LA MAISON ET DES VUES À CE SUJET – DÉJEUNER AU CLUB DES FEMMES

Nous avons été accueillis à la gare de Saint-Louis par une foule immense de photographes et de journalistes, hommes et femmes, dirigés par le maire, un grand gaillard du nom de Henry W. Kiel. Il m'a conduit à l'hôtel Statler où mes chambres étaient pleines de roses et, malgré un lit en fer, nous étions plus que confortables. Je suis comme une chose dont on garantit qu'elle ne se lave pas, alors je me suis assis immédiatement pour parler aux journalistes, parmi lesquels j'ai observé un homme d'une intelligence suprême. Caustique et amer, il interrompit les femelles et demanda à pouvoir revenir chez nous après le dîner. M. Paul Anderson et moi avons eu une discussion de premier ordre, pendant que mon secrétaire tapait et téléphonait jusqu'à ce que, avec sa considération habituelle, il revienne m'envoyer au lit, où je restais comme une truite sur un talus avec des tas de vieux *Times* que M. . Anderson m'avait amené.

J'ai lu pour la première fois les détails de la démission de M. Montague et j'ai souri devant la théorie tardive de la responsabilité conjointe de notre Cabinet britannique. Lorsqu'on pense aux nombreuses opinions contradictoires exprimées sans réprimande par chaque ministre, culminant avec la note de l'Amirauté sur le rapport Geddes, l'indignation du premier ministre est plus que drôle. Je présume que l'aile conservatrice de la Coalition voulait se débarrasser de la réforme indienne telle qu'interprétée par le vice-roi et M. Montague, et j'observerai avec intérêt les mesures que Lord Reading prendra à ce sujet.

Arrêter Ghandi était aussi imprudent que voler une vache dans un temple ; mais à une telle distance, le commentaire politique peut être aussi tardif que la théorie de la responsabilité du cabinet ; et l'agitateur inspiré – bien-aimé de son peuple – pourrait, autant que je sache, gouverner l'Inde à l'heure actuelle.

Saint-Louis fait partie des villes les plus intéressantes que j'ai visitées. Le Mississippi est dominé sur ses deux rives par d'immenses bâtiments et enjambé par de grands ponts. Il y a un parc privé aussi grand que le Bois de Boulogne et un théâtre en plein air avec des chênes de chaque côté de la scène. Les bâtiments scolaires et le Washington College sont d'une architecture parfaite, et j'ai été reconnaissant à Mme Moore, une femme de sympathie et d'autorité, de m'avoir conduit dans un joli club house pour prendre le thé, ce qui m'a donné l'occasion de voir l'environnement.

Le lendemain, j'ai été reçu lors d'un déjeuner privé donné par un club de dames et j'étais heureux d'être assis à côté de la chère Mme Moore. Observant un seul monsieur assis parmi la compagnie, je demandai à voix basse qui il était ; après avoir appris qu'il était journaliste, j'ai dit, en aparté à mon autre voisin , que pour le reste du repas, je limiterais mes remarques à : « Oui », « Non » ou « Je me demande ! et "Comme c'est vrai !" Sur ce, le malheureux jeune homme fut conduit hors de la chambre. Il avait un visage particulièrement charmant et quand j'ai vu ce qui s'était passé, j'ai dit que j'avais peur de devoir moi aussi quitter la table, car je ne pouvais permettre qu'aucun invité soit insulté pour moi ; à laquelle il a été autorisé à revenir. Je lui ai présenté mes excuses , lui disant que même si j'avais imaginé qu'il s'agissait d'une réunion informelle à laquelle aucun journal ne serait représenté, je ne souhaitais pas qu'il soit traité avec un quelconque manque de courtoisie et j'espérais qu'il ne ferait pas de copies à partir de propos stupides. chose que j'aurais pu dire. Il était particulièrement gentil et, même si je ne verrai probablement jamais ce qu'il a écrit sur moi, je suis prêt à « tenter ma chance », comme on dit ici.

Après avoir signé vingt-trois fois mon nom, aussi flatteur que fatiguant, le maire est venu me chercher. Mme Moore et deux autres dames nous ont accompagnés en voiture pour visiter la ville. Le maire, qui est un grand homme, s'est assis assez mal à l'aise entre moi et Mme Moore et a dit qu'avec la permission des deux autres dames, il se proposait de passer son bras autour de ma taille car, étant engagé pour parler lors d'une réunion de les Boy Scouts, il ne pourrait pas assister à ma conférence du soir. Je lui ai dit qu'après cela, seuls les pots-de-vin et la corruption pourraient le réélire maire de Saint-Louis.

"Ensuite, je retournerai à mon métier d'origine, Mme Asquith ; j'ai commencé ma vie comme maçon et je n'ai pas oublié mon métier, dans lequel je suis sans égal."

Les dames ont dit qu'il avait beaucoup plus de chances d'être renvoyé comme leur représentant politique, et après avoir demandé à « Joe », son chauffeur, de s'arrêter et de lui permettre de m'acheter des cigarettes, il m'a ramené à l'hôtel.

J'ai trouvé sur ma table un beau bouquet d'orchidées sur lequel était épinglée une carte d'une des dames que j'avais rencontrée au déjeuner :

"De Mme Hocker , avec mes meilleurs vœux pour une soirée réussie à Saint-Louis, à la femme la plus brillante et la plus intéressante que j'ai eu le privilège de rencontrer en Amérique ou en Europe."

Inutile de dire que je me suis accroché à mon bouquet ce soir-là lorsque j'ai été escorté sur scène par le juge Henry Caulfield, conseiller municipal.

M. Anderson du St. Louis *Post-Dispatch* est revenu nous parler après la réunion, et je peux vraiment dire qu'après « Bruce » – dont je n'ai jamais découvert le vrai nom – je l'ai trouvé l'homme de presse le plus intéressant que j'aie jamais connu. rencontré. J'ai écrit à son rédacteur en chef pour le féliciter d'avoir un tel homme parmi ses collaborateurs et j'ai reçu une réponse reconnaissante.

N'ayant jamais été interviewé avant mon arrivée dans ce pays, je ne sais pas dans quelle mesure les journalistes intellectuels d'ici pourraient se comparer aux nôtres, mais il me dépasse l'entendement pour comprendre pourquoi ceux que j'ai rencontrés se contentent d'écrire pour des journaux qui impriment rarement ce qui est écrit. est soit informatif, soit intéressant.

L'un d'eux m'a dit :

"Nous ne publions pas de nouvelles, Mme Asquith, nous les concoctons."

XIII
KANSAS CITY ET OMAHA

DES VOIX AMÉRICAINES RAREMENT MUSICALES—VOIR UNE JOLIE MAISON DE CAMPAGNE—DISCUSSION SUR LA FORMATION DU CARACTÈRE—MARGOT PRÉDIT UN GRAND AVENIR POUR LE GOUVERNEUR ALLEN

NOUS sommes allés à Kansas City le soir de la conférence et avons été accueillis à notre arrivée et emmenés à la maison de campagne de Mme Edwin Shields.

Après l'avoir saluée, j'ai observé ses belles tapisseries, ses porcelaines orientales, ses portraits (de Sir Joshua Reynolds) et d'autres maîtres anciens, ainsi que ses tableaux français modernes. Nous avons mangé du porridge, des œufs, du bacon et du pamplemousse pour le petit-déjeuner, sur une table en chêne avec des serviettes en lin irlandais, et j'ai observé le raffinement du petit visage de mon hôtesse et la jolie qualité de sa voix.

Je ne pense pas que les voix ici soient généralement musicales ; ils sont nasillards et un peu bruyants et, bien que les Américains soient très sympathiques et aiment s'amuser, je suis si lent à comprendre la langue que je manque probablement d'une grande partie de l'ironie et de *la finesse* qui caractérisent notre meilleur type d' humour . Les Canadiens, qui sont de souche britannique, ont un meilleur sens de l'humour ; mais c'est toujours un sujet dangereux à traiter, et quand je me souviens des choses stupides qui font rire le public londonien dans nos théâtres, je sens que je ferais mieux de marcher avec prudence.

Je suis écossais et, en tant que nation, nous avons été accusés de manque d' humour ; On ne peut pas s'attendre à ce que je sois d'accord avec cela, néanmoins je me souviens qu'on m'a parlé dans ma jeunesse d'un homme qui avait dit :

"Oh ! oui ; Jock plaisante sans doute, mais il plaisante avec facilité. Je plaisante aussi, mais avec difficulté."

Les Français ont un sens de l'humour bien plus fin que n'importe quelle autre nation au monde, et tout ce qu'ils disent est pour moi une source constante de plaisir.

Il est pardonnable de ne pas rire de ce qui est amusant, mais des éclats de rire soudains face à de mauvaises blagues sont le test d'un véritable sens de l'humour .

Après avoir déjeuné avec Mme Shields, je lui ai demandé de me faire visiter sa belle maison. Glen m'a rappelé la fraîcheur des chintz et la sensation générale d'air et de confort que je constatais partout où j'allais.

Nous sommes partis à midi pour Omaha, où nous sommes arrivés dans la soirée. Je me sentais moins triste de me séparer de mon hôtesse car je savais que j'allais passer de 7 heures du matin à minuit avec elle le 24. Elle vient en Europe cet été où j'aurai hâte de la recevoir à Londres ainsi qu'à la campagne.

Après l'avoir quittée, M. Horton m'a dit qu'elle lui avait dit que jusqu'à ce qu'elle me rencontre, elle se sentait comme une fleur qui avait poussé sur un sol argileux et que je l'avais aidée à pénétrer dans la lumière du soleil. J'ai été profondément touché et je suis encouragé à espérer qu'un jour je serai digne d'un compliment aussi rare.

À notre arrivée à Omaha, nous avons été accueillis par un moteur ouvert prêté par Mme Kountze, qui nous avait invités à rester avec elle dans sa maison de ville, mais craignant que trois d'entre nous ne soient gênants, nous avons décidé d'aller à l'hôtel.

Omaha est une ville charmante, avec des allées d'arbres de chaque côté de larges boulevards et à proximité de régions sauvages et magnifiques. Comme notre hôtesse avait été obligée de se rendre à New York, ses aimables relations nous ont conduits voir les vues merveilleuses qui entourent la ville.

Après avoir parlé dans l'après-midi devant un auditoire encourageant, présidé par M. Hall, le consul britannique, j'ai dîné avec M. et Mme Ward Burgess. Ils étaient plus qu'hospitaliers, et sans la silhouette sévère de ma secrétaire debout sur le seuil de la porte, mon joyeux hôte, qui m'avait reçu pendant deux heures à dîner, m'aurait empêché de prendre le train de minuit.

Nous sommes retournés à Kansas City tôt le matin du 24.

Après avoir été informé par le majordome de Mme Shields que sa femme de chambre l'avait déjà appelée, j'ai pris un bain et, m'habillant aussi vite que possible, je suis descendu.

Son salon était un jardin de roses, de lys et d'antirrhinums et je me souviendrai toujours de notre *tête-à-tête inoubliable* .

Nous sommes partis de la personnalité et de la difficulté d'exprimer ce qui est vrai sans blesser personne, ou d'acquérir du caractère sans devenir un élément du personnage. La différence entre originalité et excentricité ; gentillesse et tendresse; sympathie et compréhension; et les degrés délicats par lesquels vos tentatives de bonté peuvent soit aider, soit gêner vos semblables.

C'est un problème éternel ; et ce qui est moralement indulgent et socialement sévère est ce que vous rencontrez chaque jour de votre vie. J'ai avoué combien je ressentais la brièveté de la vie et je l'ai exhortée à s'en rendre compte , car elle me paraissait, malgré son génie pour l'amitié, autonome et solitaire. Elle a été réactive et m'a dit beaucoup de choses encourageantes. J'ai dit que j'avais lu quelque part que Marc Aurèle nous avait supplié de garder notre couleur . Je n'étais pas très sûr du texte correct ; mais que l'idée était que certains d'entre nous naissaient rouges, certains jaunes et d'autres gris, mais que quoi qu'il en soit, il s'agissait de le garder ; pas tant par contraste ou conflit avec l'autre personne, mais pour le compléter. Les grands scientifiques, mathématiciens ou philosophes parviendront peut-être à développer seuls leur personnalité, mais ce qu'ils écriront n'aura pas la clé que les écrits des hommes plus proches de la terre sont capables de présenter aux êtres humains ordinaires.

Lors d'une des grandes réunions d'Abraham Lincoln, il dut traverser la foule pour atteindre l'estrade. Il entendit quelqu'un dire en passant :

"Est -*ce* le président Lincoln ? Eh bien, quel type d'apparence ordinaire !"

Sur quoi il se retourna et dit :

"Dieu aime les gens d'apparence ordinaire, sinon il n'en aurait pas créé autant."

Je lui ai dit combien j'avais été ému par sa remarque à ma secrétaire selon laquelle notre amitié l'aiderait à sortir d'un sol argileux ; ajoutant que le désir de ma vie était de me replanter chaque année dans un pot plus grand, et que ce qu'elle m'avait dit m'encouragerait à continuer. Passé un certain âge, nous risquions de devenir stationnaires ; et les ravages de la guerre, loin de s'être régénérés, avaient retardé la civilisation .

Nous avons été interrompus par M. Henry J. Allen, un invité arrivé bien avant l'heure du déjeuner.

Le gouverneur de l'État du Kansas est un homme d'autorité, non seulement intelligent mais intellectuel, une combinaison toujours rare, et il n'est pas nécessaire d'avoir une sorcière pour lui prédire un grand avenir. Il est resté dans la charmante maison de Mme Shields, dans Cherry Street, de 23 h 30 à 18 heures du soir, malgré un rendez-vous à 16 heures, dont j'ai déduit qu'il pouvait faire ce qu'il voulait.

XIV
LA GUERRE ET LA PROHIBITION

Discussion animée sur l'entrée de l'Angleterre dans la guerre – nos amis allemands – la vitalité américaine – mal citée sur l'interdiction.

Je me suis assis à côté de M. Heath Moore au déjeuner et j'ai discuté de nombreux sujets ; entre autres, les motifs qui avaient amené la Grande-Bretagne à entrer en guerre. Il s'exprima avec vigueur et franchise, et dit que rien ne pouvait lui faire croire que notre dessein avait été moral. Que notre commerce risquait d'être dépassé et que la marine allemande était devenue une menace si redoutable qu'après la défaite de la France, nos propres côtes auraient été immédiatement attaquées par les Allemands ; il était donc ridicule de suggérer que notre motivation n'était pas une pure légitime défense .

Comme c'était la première note anti-britannique que j'entendais depuis mon arrivée, cela m'a intéressé.

Je lui ai demandé où il imaginait que nos navires seraient lorsque les dreadnoughts allemands entreraient dans nos ports : et quel genre d'accueil le peuple britannique était susceptible de réserver à l'équipage ennemi, même en supposant qu'il pouvait débarquer une armée - ce qui n'est jamais une affaire très facile - et Je conclus en disant que je n'avais pas été tenu éveillé par la crainte que le Kaiser réussisse là où Napoléon avait échoué. Il est resté fidèle à son point de vue et a déclaré que sans la violation de la Belgique, nous ne serions pas entrés dans la guerre. J'ai répondu que cela avait sans doute facilité la tâche du parti au pouvoir, dont mon mari était à la tête, car parmi les nombreuses convictions qui divisent les libéraux des conservateurs, il y a que nous croyons à la liberté, alors qu'eux croient à la force : et que l'impérialisme cela signifiait un militarisme contre lequel nous lutterions pour toujours. Mais, ai-je ajouté, aucun gouvernement britannique, quel que soit son parti, n'aurait vu, les bras croisés, toute la marine allemande descendre nos côtes pour attaquer la France.

Il a demandé si mon mari avait éprouvé des scrupules *lorsqu'il avait pris sur ses épaules cette grande décision* . Je répondis que notre ministre des Affaires étrangères, Sir Edward (aujourd'hui Lord Grey), Lord Crewe et d'autres, avaient pris leur décision dès le premier instant ; et qu'en un an, grâce au Comité de Défense , à Lord Haldane et à Lord Kitchener, nous avions formé une grande armée de volontaires ; et s'il avait été en Angleterre à cette époque, il aurait été frappé par le pathétique et le silence avec lesquels des hommes de toutes classes s'unirent pour combattre dans une guerre qui n'était pas la leur, contre un ennemi pour lequel ils n'éprouvaient aucune haine.

Il m'a demandé si l'Angleterre avait été déçue que l'Amérique soit arrivée si tard pour l'aider. J'ai avoué que, dans un moment de dépit, je m'étais exclamé que si j'avais été Christophe Colomb, je n'aurais rien dit de cette découverte, mais que je doutais que le Grand La Grande-Bretagne serait intervenue plus tôt pour aider les États-Unis s'ils avaient été confrontés au même dilemme.

Quelqu'un m'a demandé en privé si j'avais perdu un enfant pendant la guerre. J'ai dit que mon petit garçon était trop jeune pour se battre, mais que mes deux sœurs, mes trois frères et mon mari avaient perdu leurs fils ; que vivre à Downing Street dans les premières années de la guerre avait été une angoisse dont personne ne pouvait mesurer la profondeur .

Nous avions refusé de laisser tomber aucun de nos amis allemands à Londres et, par conséquent, nous étions devenus la cible des abus et des calomnies de nos ennemis sociaux et politiques.

C'est un sujet qui m'inspire une indignation éternelle quand je pense à la manière dont nous avons été persécutés, non seulement par nos adversaires, mais aussi par certains de mes amis personnels, même après notre défaite aux élections générales de 1918. Les candidats ont déclaré qu'elle s'était souvent rendue à Downing Street pour des questions d'importance vitale pendant la guerre et qu'elle avait été frappée par le manque d'émotion manifesté par moi et mon mari.

M. Heath Moore m'a raconté la manière sauvage avec laquelle la population allemande d'ici avait été traitée lorsque l'Amérique avait rejoint les Alliés. Il m'a raconté entre autres choses qu'un de ses compatriotes, dans un grand discours de recrutement, avait été interrompu par un homme dans la tribune qui aurait crié : « Hourra pour le Kaiser ! Il a alors reçu des coups de pied et des coups dans les escaliers menant à la rue et, sans l'intervention d'un policier, il aurait été tué. Lorsqu'on lui a demandé ce qu'il avait fait, le malheureux Allemand a répondu que son fils unique avait été tué à la guerre et qu'il avait crié : « Au diable le Kaiser !

C'était léger comparé à certaines des cruautés associées.

Il est toujours dangereux de généraliser , mais le peuple américain, bien qu'infiniment généreux, est une race dure et forte et, sans les quelques cimetières que j'ai vus, j'ai tendance à penser qu'il ne meurt jamais. Ils prospèrent dans des pièces aussi chaudes que des vérandas, peuvent rester éveillés toute la nuit, manger des bonbons et des glaces toute la journée et vivre jusqu'à un âge avancé grâce à l'excitation sociale ou commerciale sans loisirs.

Lorsque j'ai quitté la salle pour me reposer et réfléchir à ma conférence, j'ai eu peur de ne pas avoir suffisamment tenu compte de M. Heath Moore ou de ses opinions, de sorte que j'ai été soulagé d'apprendre qu'il s'était proposé de revenir dîner le même jour. soirée. J'espère que nous nous reverrons, car c'est un homme de compassion.

J'ai donné une conférence après le dîner et, avant d'avoir fini, j'ai fixé mes yeux sur M. Heath Moore assis à côté de Mme Shields et j'ai parlé des motivations morales qui avaient poussé la Grande-Bretagne à entrer en guerre, en dehors de son amitié avec la France. J'ai dit que tandis que les Français avaient tout sacrifié et combattu magnifiquement, d'autres pays avaient été animés par les mêmes motivations et qu'en fin de compte, la Société des Nations avait gagné.

J'ai longuement insisté sur la cruauté avec laquelle les Allemands avaient été traités aux États-Unis et dans leur pays, et j'ai été réconforté lorsque j'ai dit que si le Christ était descendu parmi la population civile à un moment quelconque de la guerre, son sens de la justice et de sa compassion serait lui ont valu le titre de pro-allemand.

Nous sommes retournés à Cherry Street avant de prendre le train de minuit.

Au dîner, j'ai été présenté à plusieurs habitants de la ville du Kansas, que j'ai tous trouvés intéressants. Un homme m'a dit :

"Je savais que vous aviez du charme et de la personnalité, Mme Asquith, mais vous devez avoir parlé sur une centaine de plateformes pour avoir acquis un tel courage et une telle éloquence."

Je l'ai regardé muet de surprise.

Quand je suis parti, j'ai promis d'écrire à mon hôtesse et à M. Moore.

*　　*　　*　　*　　*　　*　　*

Nous avons changé à Saint-Louis, en route vers Indianapolis, et y avons été accueillis à 7 heures du matin le lendemain matin par M. Paul Anderson ; nous avons tous pris le petit déjeuner ensemble à la gare et j'étais désolé de lui dire au revoir.

J'ai lu dans un journal de Londres que M. Balfour, le plus grand roturier vivant, avait été fait chevalier de la Jarretière.

Nous avons été accueillis à notre arrivée dans l'après-midi à Indianapolis par M. et Mme Sullivan, et accompagnés chez eux par un journaliste. J'ai été surpris de lire dans les journaux du lendemain que j'avais dit entre autres choses qu'en Écosse nous étions non seulement très instruite, mais capable d'étudier dans nos écoles les langues française et espagnole, et si j'étais la reine d'Amérique, je redonnerais de la boisson.

J'ai commencé à craindre que, même si je n'étais pas couronné, j'avais dû, dans un accès d'absence, usurper certains des pouvoirs qui, selon moi, devraient être restitués aux États-Unis.

Après avoir voyagé toute la journée du 26, nous sommes arrivés sous une pluie battante la nuit pour apprendre qu'il n'y avait pas de porteurs à la gare. En demandant s'ils étaient en grève, on me répondit qu'il n'y avait jamais eu de porteurs à Kalamazoo.

Chargés de bagages, nous avons pagayé comme des canards dans la boue jusqu'à un hôtel de qualité inférieure.

Comme nous avions déjeuné à midi et qu'il n'y avait pas de wagon-restaurant dans le train, nous étions énervés d'apprendre que personne ne pouvait plus manger après 20h30, mais heureusement pour nous, il restait encore dix minutes avant la fermeture du restaurant, alors nous avons dévoré ce que nous pourrions. Le lendemain, des journalistes et d'autres personnes m'ont dit qu'un éminent religieux avait déclaré dans un sermon que, en raison de ma croyance en l'intempérance, je n'étais pas une personne apte et appropriée pour donner une conférence et, par conséquent, mon auditoire de la soirée n'était pas tout ce que j'aurais pu désirer. J'avais quelque chose à dire sur le faux témoignage contre votre voisin , mais les quelques personnes présentes étaient plus qu'enthousiastes, et j'ai été embrassé par une femme de Peebleshire .

J'ai été reconnaissant de recevoir la coupe suivante :

> "Je ne supporte pas le ton d'un contemporain du matin en rapportant le discours de Mme Asquith,

" *Rédacteur, Evening Telegram* :

« Monsieur , je suis un homme occupé et je n'ai pas beaucoup de temps pour écrire des lettres, mais je ne supporte pas les remarques ricanantes et bon marché du *Globe* dans leur récit du résumé de la « prohibition » par Mme Asquith.

"Mme Asquith n'a pas raconté d'histoires de 'nature vulgaire', 'dépeignant un individu à moitié stupide avec l'alcool'. Notez la manière dure avec laquelle les Pharisiens se réjouissent du mot « boire ». Cela me rappelle les vieux poèmes bon marché sur la « tempérance ». Mme Asquith a très justement et honnêtement attiré l'attention sur la farce des lois d'interdiction et a simplement exprimé l'opinion de quatre-vingt-dix pour cent de tous les honnêtes gens lorsqu'elle a décrié les injustices et les inconstitutionnalités. « les lois bleues » que la minorité sectaire et ignorante des peuples canadien et américain tentent d'adopter et de faire respecter par les majorités réticentes, les vrais contribuables.

« Dieu merci, nous aurions plus de femmes de ce genre, sans peur, franches, larges d'esprit et sans hypocrisie comme la même Margot Asquith. L'Angleterre, avec tous ses défauts, ne se pliera jamais aux quelques fanatiques qui sont les véritables oppresseurs, dépresseurs et tueurs de joie. .

"FJ Paget."

XVe
NEW YORK VILLE IDÉALE

LA VIE, L'AIR ET LA GAIÉTÉ À NEW YORK—LETTRE DU GOUVERNEUR ALLEN—MARGOT RENCONTRE ARTHUR BRISBANE—LIVRE DE LA PRINCESSE BIBESCO

APRÈS avoir voyagé deux jours et une nuit, nous sommes arrivés à New York le 28 au soir et avons trouvé Elizabeth et son mari attendant l'ascenseur pour les emmener à une pièce de théâtre ; ils étaient prêts à en parler mais je leur ai dit que j'étais trop épuisé pour parler et que j'avais seulement envie de me coucher.

Je ne suis pas allé à San Francisco, mais si j'étais américain, je vivrais à New York. Saint-Louis, Syracuse, Omaha, Washington sont plus belles en raison de leur environnement ; mais il y a de la vie dans l'air et une atmosphère générale de gaieté et de mouvement que je trouve infiniment stimulante à New York.

Nous avons vu « La vérité sur Blayds » et « Kiki », deux pièces merveilleusement interprétées ; J'ai apprécié chaque instant de « Blayds » et l'héroïne de « Kiki » ferait fortune dans n'importe quelle pièce.

Le dimanche 2 avril, je suis allé prendre le thé au studio de mon amie Mme Komroff . Je la connais depuis de nombreuses années, lorsqu'elle s'appelait Nellie Barnard, et je ne crois pas qu'il existe un seul artiste vivant capable de peindre des enfants à l'aquarelle comme elle le fait. La salle était remplie d'amis et d'artistes et les portraits exposés nous remplissaient d'admiration.

Avec de nombreuses lettres de chez moi, j'ai reçu ce qui suit du gouverneur Allen.

" ÉTAT DU KANSAS

" BUREAU DU GOUVERNEUR

" TOPEKA

" LE GOUVERNEUR ." 30 mars 1922

" MA CHÈRE MME ASQUITH ,

"Je prends la liberté de vous envoyer un exemplaire de mon livre sur la question industrielle. J'espère que vous me pardonnerez de vous l'avoir imposé. J'ai tant de souvenirs délicieux des choses vives et instructives que vous avez dites chez Mme Shields. que je me trouve maintenant plein de regret que la conversation dérive continuellement vers des discussions générales qui nous ont tous privé de l'occasion d'entendre davantage vos propres conclusions.

"Votre généreux commentaire sur Kansas City et l'Ouest nous a tous rendus heureux et en tant que citoyen, je tiens à exprimer ma sincère appréciation pour vos compliments à cette partie croissante du pays.

« Je ne m'étonne pas que vous ayez tiré de mes remarques la conclusion que je suis « antilibéral ». J'ai été stupide de ne pas réaliser que votre définition du mot libéral est différente de celle qui le caractérise ici tout à l'heure. Dans votre monde, « libéral » est un mot honorable ici, par abus de langage, pour désigner une classe particulière dont il est le nom. La réaction est antigouvernementale. Les anarchistes, les socialistes, les communistes et les bolchevistes sont tous regroupés dans une seule classe, et le mot libéral leur est lancé par les orateurs et les éditeurs. Ce mot n'est pas juste.

"Si vous avez le temps, je serais extrêmement heureux que vous parcouriez "Le Parti de la Troisième Partie", car il se rapporte à un programme de paix industrielle et de justice que le président a récemment approuvé dans un message au Congrès et qui New York essaie maintenant d'inscrire dans la législation de son État que si la Cour suprême des États-Unis juge la loi constitutionnelle, plusieurs États adopteront lors des prochaines sessions législatives le principe du règlement impartial des conflits du travail lorsque ces conflits surviennent. dans les industries essentielles de l'alimentation, du carburant, de l'habillement et des transports.

"Je suis sincèrement heureux que vous soyez venu dans le Moyen-Ouest et je suis reconnaissant à Mme Shields pour le délicieux privilège de vous rencontrer. J'espère que vous ferez un voyage sûr et heureux et qu'un jour vous reviendrez en Amérique.

"   Cordialement

" HENRY J. ALLEN .

J'étais fier et heureux de m'asseoir un matin avec le baron Meyer, le plus grand photographe de tous les temps – un piètre éloge pour un artiste capable de s'exprimer dans tout ce qu'il touche. Si je meurs sur le retour du *Maurétanie* , ce qui est plus que probable, car la mer pardonne rarement aux mauvais marins, je suis sûr de laisser à ma famille quelque chose qu'elle pourra regarder sans répugnance.

Le 3 avril, nous lisions dans les journaux « Balfour accepte la pairie : entrera Lords comme Earl ».

Nous avons été reçus au déjeuner par M. Arthur Brisbane, célèbre journaliste et ami d'Elizabeth. Je me suis assis entre lui et M. Hapgood et j'ai eu une excellente conversation. Ils ont tous deux fait l'éloge du « Je n'ai que moi-même à blâmer ». A ce propos, je citerai une revue américaine de The *New Republic* .

AMOUR MODERNE

"'Je n'ai qu'à me blâmer', par Elizabeth Bibesco .

"Ce livre est une collection de croquis et d'histoires illustrées. Son champ est restreint. Il ne traite pas de la vie en général. Il laisse de côté la religion et la science, la maladie et les guerres, les animaux et la politique, les affaires, les enfants et le crime. . Il ne s'agit que d'amoureux et d'amour.

"C'est un livre troublant. Tout comme vous avez peut-être décidé en privé d'être raisonnable et d'être satisfait de ce que vous avez - ou de ce que vous n'avez pas - et d'oublier l'unité avec quelqu'un, et que vous vous sentez suffisamment riche. avec beaucoup moins, ce livre vous raconte une histoire qui atteint une partie intérieure de vous qui était en train de se tarir et vous fait ressentir douloureusement les choses qui vous manquent.

"Voici par exemple une partie d'une lettre qu'une femme écrit :

"'D'une certaine manière, je ne vois pas pourquoi tu voudrais à nouveau m'embrasser. Comprenez-vous ce que je veux dire, que je me sens si fusionné, si éternellement dans vos bras que j'ai du mal à croire au processus d'être pris en charge. encore et encore ? Oh mon cher, remarquez-vous qu'on ne peut jamais utiliser de superlatifs alors qu'ils signifient vraiment quelque chose ? Ils semblent s'enfuir, honteux de leur vie lâche. Après tout, nous ne pouvons pas « faire l'amour » les uns avec les autres. Nous le faisons tous les deux trop bien. Ce n'est pas un incident, un jeu, un art ; le nôtre n'est pas une histoire d'amour, c'est la vie.

" Autre extrait : 'Je n'arrive pas à dormir. Il y a quelque chose d'oppressant dans l'atmosphère.... Il y a toujours une tension quand on n'est pas là, une irréalité cumulative. Je l'ai ressenti toute la journée.... Il me semblait que être un fantôme errant dans un vide insignifiant. Non seulement je ne pouvais pas croire aux gens, mais je ne pouvais même pas croire aux chaises et aux tables, c'était fatiguant. Vous savez comment dans les contes de fées la charmante princesse est transformée. en crapaud et doit attendre un baiser pour la libérer, c'est ce que j'avais l'impression que rien d'autre que ton contact ne pourrait faire de moi un être humain à nouveau.

"Sa vérité est si exquise qu'elle n'a vraiment pas besoin d'intrigues. Par exemple, elle décrit un homme qui est tombé amoureux et qui, bien qu'il était autrefois bavard, ne peut plus que bégayer. Il veut proposer à une belle fille mais il ne peut pas. " Un jour, ils se promenaient dans un bois de jacinthes des bois... " Il faut que je parle ", se dit-il tristement, en se rendant compte qu'il était physiquement incapable de faire ressortir les lieux les plus banals. phrase....'

"Il a décidé de parler lorsqu'il a vu la prochaine orchidée .

"Il pensait à une femme dont il s'était imaginé amoureux. Elle avait les cheveux roux et les yeux verts... et les cheveux roux lui semblaient infiniment méchants, séduisants et aventureux...

"Il a vu une orchidée et a détourné les yeux en toute hâte.

"Il pensa à un cheval à bascule qu'il avait eu étant enfant, gris pommelé avec une queue gris jaune et une selle écarlate...

"Une autre orchidée . Il la regarda d'un air implorant.

"'A quoi penses-tu?' elle a répondu à son appel.

"'Chevaux à bascule', dit-il . ' Veux-tu m'épouser ?' Et puis désespérément, « Je sais que ce n'est pas la façon de le dire » et puis convulsivement, « Je t'aime ».

"Elle a attendu qu'il ait fini, puis elle a dit... 'C'est une très belle façon de le dire.'"

" Cela semble à un lecteur au moins une des meilleures propositions de fiction.

"Peut-être que ces histoires ne sont pas des classiques. Mais elles comptent parmi les meilleures d' aujourd'hui . Elles sont non seulement charmantes et fraîches, mais elles ont aussi une noblesse ; elles s'intéressent sérieusement à nos besoins émotionnels solitaires.

"Et il y a des choses en eux qui touchent le cœur même de quelqu'un. Des choses qu'un lecteur est surpris de trouver dans des imprimés - des choses qu'il pensait inexprimables. Des choses secrètes qui le font murmurer : "Pourquoi je pensais que personne ne le savait à part moi-même". .'

Clarence Day, Jr."

En réponse à une lettre de remerciement d'Elizabeth, il écrit :

"Cela m'a rendu très triste de lire certaines critiques de votre livre. Je savais bien sûr combien peu de gens appréciaient les belles écrits, mais maintenant je sais combien peu de gens ont jamais été amoureux."

M. Heath Moore m'a remis cette critique avant de nous séparer et j'ai pensé que c'était intelligent de sa part de savoir le plaisir que cela me procurerait.

XVI
CRITIQUE ET ADIEU

UN VENDEUR DE POUPÉES PARLE DE L'INTERDICTION – DES PÉRILS DU COMMERCIALISME ET DU MATÉRIALISME EN AMÉRIQUE – UN PLAIDOYER POUR L'AMOUR ET L'AMITIÉ

Le 3 avril, la veille de mon départ pour l'Angleterre, je sortis tôt pour acheter des jouets pour divertir mon petit-bébé pendant notre voyage en *Maurétanie* ; et j'ai eu une conversation intéressante avec l'un des nombreux vendeurs civils que j'ai rencontrés partout aux États-Unis dans leurs belles boutiques. Il a dit qu'il regrettait de ne pas pouvoir assister à ma dernière conférence alors qu'il avait assisté aux trois autres conférences à New York, car il craignait que la fille d'un de ses amis ne meure. C'était une petite fille vivant dans une banlieue qui s'était évanouie quelques semaines auparavant. Sa mère lui avait donné le seul stimulant qu'ils avaient à la maison ; depuis lors, elle souffrait d'un empoisonnement du sang et se trouvait dans un état critique.

"J'espère, Madame, que vous traiterez ce soir de l'abominable loi de la Prohibition. Elle a encouragé ce pays à fabriquer des boissons alcoolisées des espèces les plus dangereuses", a-t-il déclaré.

Je lui ai dit que j'entendais la même plainte partout où j'avais été et, tout en sympathisant profondément avec lui, je craignais de ne pouvoir faire plus, car j'avais traité librement et longuement du sujet.

J'ai été annoncé par la carte suivante pour faire mon dernier discours.

CONFÉRENCE D'ADIEU
sous les auspices de
LA SOCIÉTÉ DES AMIS DE
ROUMANIE
Fondée sous le patronage d'août de Sa Majesté la Reine Marie de Roumanie
MARGOT ASQUITH
clôturera sa brillante et réussie tournée en prononçant une conférence
intitulée
IMPRESSIONS DES ÉTATS-UNIS ET DU CANADA

J'ai enfilé ma plus belle robe et, armé d'un bouquet d'orchidées rares offert par mon président, j'ai fait ma dernière apparition publique dans ce pays.

Comme M. Nelson Cromwell, qui m'a présenté, est un orateur fluide et avait beaucoup à dire tout en rendant un bel hommage à mon mari - et sachant que je devais ensuite organiser une réception - j'ai écourté ma conférence aussi courte que possible. .

Entre autres sujets, j'ai traité de la croyance exagérée ici au succès commercial ; et le dangereux intérêt personnel et le manque de loisirs qui encourageaient non seulement cette nation, mais toutes les nations, au matérialisme.

J'avais lu dans les journaux du matin un exemple typique de ce que je voulais dire.

"Ayez d'abord ce que les gens veulent.

"Alors faites-le-leur savoir.

" *Une publicité minutieuse* est le secret du succès.

"L'ancienne méthode consistait à laisser les gens le découvrir progressivement et lentement, à temps pour que votre petit-fils devienne riche. La méthode moderne consiste à l'avoir AUJOURD'HUI et à le faire savoir à tout le monde DEMAIN , ou, si possible, CET APRÈS MIDI ."

Je leur racontai ce que j'avais observé aux chutes du Niagara, et parlai des nombreux panneaux d'affichage et publicités hideux qui profanaient le paysage partout où j'avais été, et m'arrêtant sur celui parmi d'autres qui m'avait vraiment intéressé, " A GOOD NAME ", fut interrompu par mon président qui s'écria d'une voix claire :

"Un SQUITH !"

Cela a rencontré un immense succès.

J'ai terminé en disant que peu de pays se souciaient vraiment les uns des autres. Ce n'était pas la rivalité ou la jalousie qui produisait cette indifférence, mais un certain aveuglement du cœur. Que nous faisions partie de la même famille, si seulement nous en prenions conscience , et que nous avions eu une terrible leçon de choses en imaginant que chacun de nous, quels que soient nos préparatifs ou nos efforts, pouvait réussir à écraser l'autre. Nous avions vu assez de haine et assez de mort ; et que j'espérais passionnément que les nations anglophones du monde entier tenteraient un nouveau départ et feraient ce qu'elles pourraient pour promouvoir l'amitié et l'amour.

Le lendemain nous avons navigué pour l'Angleterre en *Maurétanie* .

Si je devais terminer sans critique, on pourrait dire que ces pages n'auraient pas dû s'appeler « Impressions », mais « Expériences » ; et contre cela, j'ai non seulement été mis en garde, mais juré.

Néanmoins, il est difficile, sans paraître hostile, d'écrire avec franchise sur des sujets qui m'ont ému au cours de ma tournée américaine.

Il faut dire que l'architecture, la réglementation de la circulation, la disposition des fleuristes, la plomberie et le téléphone sont infiniment supérieurs aux nôtres, mais ce ne sont pas des critiques, ce sont des faits dont la vérité n'est pas contestée.

Je me rends compte qu'il n'y a pas une nation au monde qui accueille aussi généreusement les nombreux étrangers qui s'y rendent comme les États-Unis. Mais l'admiration pour mon mari et la publication du premier tome de mon autobiographie, qui suscita des commentaires tant favorables que défavorables , m'empêchèrent au départ d'être une parfaite étrangère. En effet, beaucoup de personnes qui ont assisté à mes conférences semblaient tout savoir sur moi ; et j'étais surpris quand, se pressant sur la scène, ils s'écriaient parfois :

"Mais tu es si différent de ce à quoi nous nous attendions ! Et tu ne nous as pas dit ce que tu pensais de nous."

Je les ai suppliés d'être francs et de me dire sans crainte d'offense à quoi ils s'imaginaient que je serais ; mais ils ne purent que répéter :

"Je ne sais pas ! Mais d'une manière ou d'une autre, nous pensions que tu serais tout le contraire de ce que tu es."

Quand j'ai tenté une petite plaisanterie maladroite en disant : "Je suis désolé de vous avoir déçu !" cela suscitait toujours une protestation ; et un jour j'entendis un homme dire à la femme qui était avec lui :

"Voilà ! Je te l'ai déjà dit ; mais tu ne lisais pas le livre !" alors la femme me saisit par la main et dit :

"Vous écrivez un autre volume de votre vie, n'est-ce pas, Mme Asquith, dans lequel vous nous direz tout ce que vous pensez de nous."

J'expliquai que j'écrivais un article sur mes Impressions d'Amérique pour publication immédiate et le deuxième et dernier tome de ma vie qui paraîtrait en hiver.

Des coupures flatteuses m'ont été envoyées de journaux, comme : « Le mythe Margot ». Et d'autres, qui disaient qu'il était bien évident que j'étais d' humeur châtiée et que, en me gardant de mes critiques, je faisais preuve d'une prudence qui me privait de toute spontanéité ; ou des mots à cet effet.

Ces remarques sont de peu d'intérêt, mais elles tendent à montrer combien certains peuples et certaines nations dépendent de l'approbation des autres et c'est la raison pour laquelle je vais terminer par un bref résumé.

XVII
LA RÉFLEXION EN ANGLETERRE

LES AMÉRICAINS AMICAUX MAIS VAIN – LE TERRE DES RÉFORMATEURS – L'INTÉRÊT POUR L'ARISTOCRATIE EUROPÉENNE – LES JOURNAUX CÉLÈVENT LA CURIOSITÉ VULGAIRE – LE PLAIDOYER POUR L'AMITIÉ ANGLO-AMÉRICAINE

Il est probablement plus sage, lorsque vous écrivez vos impressions, de garder secrètes les conclusions auxquelles vous arrivez ; et beaucoup peuvent demander – et avec justice – :

"Que peut savoir une femme arrivée le 30 janvier et repartie le 4 avril de l'Amérique ou de son peuple ?" En réponse à cela, je peux seulement dire qu'au cours de ces neuf semaines, j'ai vu et parlé à des types de personnes plus variés que je n'aurais pu le faire si j'étais resté à New York, à Chicago ou à Washington pendant autant de mois. J'ai rencontré et conversé avec des sénateurs et des nègres, des agriculteurs et des journalistes, des juges et des prédicateurs, des propriétaires d'hôtels, des maires, des avocats, des soldats, des commerçants , des médecins, des hommes de science et de commerce, et quelques-uns des classes les plus rares des gens à la mode et des oisifs. . Au cours de cette expérience, il y a certaines choses que j'ai observées et que je prendrai le risque de noter.

Les Américains, bien qu'ils soient le peuple le plus amical du monde, se soucient trop les uns des autres ; et, bien que ce ne soit pas personnellement, ils sont vaniteux au niveau national. Ils préfèrent s'entendre maltraités plutôt que ignorés ; ce qui laisse croire qu'ils souffrent du malaise des *nouveaux riches* .

Que pensez vous de nous? ou , comment comparez-vous nos hommes et nos femmes, leurs vêtements et leurs coutumes avec les vôtres ? » était la substance de chaque question qui m'était posée.

Il y a des choses d'un intérêt extrême dans ce pays, mais l'un d'entre nous a-t-il entendu un Anglais ou une Anglaise demander à un étranger ce qu'il pensait de nous ? Ou, s'ils étaient assez stupides pour le faire, qui serait intéressé par la réponse ?

Certains diront que cela vient de l'orgueil, ou de l'insularité ; mais ils auraient tort. Nous ne sommes pas obsédés par le désir d'interférer avec notre voisin , qui est perceptible partout en Amérique.

Malgré une réelle générosité et gentillesse, j'étais conscient d'un courant sous-jacent d'antilibéralisme et de violence qui m'a étonné.

Dans chaque ville que j'ai visitée, il existe des clubs, tant masculins que féminins, pour interdire ou promouvoir certaines trivialités inoffensives et jusqu'à ce qu'ils soient ridiculisés, ils empêcheront les États-Unis de devenir un jour ce que nous devrions appeler un pays libre.

Parce qu'il y a peu de bravoure et pas de réserve, les gens ne deviennent pas nécessairement d'une seule classe. Nous ne pouvons pas réglementer l'égalité, puisque nous sommes nés avec des cerveaux, des natures et des environnements différents, et que loin d'être égaux, il existe un respect si rigide de la préséance en Amérique qu'on vous félicite même après un dîner parce que vous êtes assis. " un de Mme ———".

Bien que plus que sévère envers quiconque accepte un titre, il n'y avait aucun détail trop insignifiant sur notre Cour ou notre aristocratie qui ne suscitât un intérêt presque émotionnel chez mon public. Chaque jour de ma tournée, je recevais des lettres me suppliant de leur en dire davantage sur la vie et les habitudes de nos classes supérieures ou sur tout ce que je pourrais « sur les sous-vêtements de la princesse Mary ».

Si ces lettres n'avaient été que le rire d'une oie féminine qui aime écrire à une personne annoncée, je les aurais déchirées, mais elles étaient parfois signées par des hommes et exprimaient souvent les opinions d'importants éditeurs locaux.

Un soir, alors que j'étais au lit, après avoir eu une longue conversation avec un journaliste intellectuel sur la pénurie de grande littérature dans son pays, il m'a appelé pour me dire que son journal était ennuyé qu'il n'ait pas rapporté une description précise de mon chapeau et robe.

Il s'est excusé abondamment, mais a déclaré que c'était ce qui importait vraiment au public : qu'aucune de nos discussions sur Lincoln, Edgar Allan Poe ou le style raffiné de William James, ou quoi que ce soit d'autre d'intéressant, ne soit publiée dans le journal du matin. Mais ce que j'avais dit à l'une des journalistes, lorsque nous étions laissés à nous-mêmes, à propos du mariage de la princesse Mary comme d'un mariage d'amour, serait probablement développé par des titres en un paragraphe. J'ai dit que je lui avais pardonné de m'avoir réveillé, mais j'ignorais complètement que j'avais même mentionné notre famille royale.

Le lendemain, j'ai lu que j'avais dit que j'étais :

"En bons termes avec la reine Mary."

On peut dire qu'un certain journalisme du même genre flatte la même curiosité pour ce qui est bas et vulgaire ici, mais il est plus nuisible aux États-Unis parce que la presse a plus de pouvoir.

Loin de guider l'opinion publique, les journaux américains stimulent tout ce qui est sans valeur et crédule ; et vous pourriez chercher en vain des critiques approfondies sur l'art, la musique ou les affaires internationales.

L'Angleterre a été qualifiée de nation de commerçants, mais je pense que nous passons autant de temps dans les landes et sur les terrains de jeux que les Américains dans les ascenseurs et les bureaux.

Peut-être perdons-nous trop de temps en pelouse et en jeux ; mais cela a encouragé une certaine distance et un certain loisir, qui produit un esprit tranquille.

Que ce soit à cause des difficultés du climat et des salles surchauffées, les voix des personnes les plus aimables m'ont paru fortes, et si généreusement qu'on ait pu vous divertir, vous ressentez un sentiment d'étouffement, ce qui serait difficile à expliquer.

L'excuse d'être un pays jeune ne continuera pas à couvrir la cohue, le bruit et le manque d'intimité qui prédominent ; et le nombre de jeunes enfants que j'ai vu dans les hôtels, les magasins et les restaurants se coucher à minuit après avoir sucé des bonbons entre d'énormes repas n'est pas prometteur pour une nation qui grandit toujours.

L'idée bien ancrée selon laquelle, parce qu'il n'y a pas de roi et qu'ils méprisent les titres, les Américains sont un peuple libre est pathétiquement fausse ; et il suffit d'observer le fonctionnement de la loi de prohibition pour se rendre compte des dangers d'une législation répressive. Il y a là-bas une ingérence perpétuelle dans la liberté individuelle qui ne serait pas tolérée en Angleterre pendant une semaine.

C'est probablement grâce à notre passion pour la sous-estimation et au fait que nous avons hérité de réglementations sages et éprouvées que les Britanniques sont une race respectueuse des lois ; mais je pense que si on donnait une chance aux Américains, ce serait pareil. Je peux seulement dire que si ce n'est pas le cas, la démocratie s'avérera un échec aussi grand que le tsarisme .

C'est tout à l'honneur du public américain de n'avoir jamais choisi un mauvais caractère chez son président et d'avoir produit, en la personne d'Abraham Lincoln, un homme de génie, de capacité et de courage qui vivra pour toujours dans les cœurs et les esprits de tous les pays. dans le monde. Il ne faut pas non plus oublier qu'il dominait le peuple malgré une campagne de calomnie de la presse qui n'avait d'égale que celle à laquelle mon mari fut soumis dans les derniers jours de la guerre.

Les hommes à la tête des affaires doivent être indépendants de l'opinion publique s'ils veulent obtenir quelque chose et ne jamais chercher à se concilier une presse qui, en toute honnêteté, il faut le dire, - à quelques exceptions près - ne cherche pas à guider, car plus qu'un moment transitoire, n'importe qui vers n'importe quel objectif.

D'après tout ce que j'ai entendu, le gouvernement actuel en Amérique – certains de ses chefs que j'ai eu l' honneur de rencontrer – semble être un gouvernement admirable et fonctionner sans problème dans des moments de difficultés exceptionnelles. Le président Harding a eu la sagesse de s'entourer d'hommes de qualité et est lui-même un homme ouvert d'esprit et doté de vues larges.

Avec certains des défauts que j'ai trouvés au cours de ma tournée, on me dit que "Le Credo américain" (que m'a donné mon ami M. Anderson du St. Louis *Dispatch*) traite de la recherche de la fidélité. J'ose dire qu'en le lisant, je saurai où je me suis trompé ; mais en critiquant comme je l'ai fait, je ne fais que remplir la promesse que j'ai faite d'écrire mes impressions qui, au mieux, ne peuvent être que superficielles.

[*] Par GJ Nathan et HL Mencken.

Parmi les gens réfléchis, il y a beaucoup de propagande pro-américaine dans ce pays, et en conclusion, je voudrais dire qu'il y a tant de choses belles et vives dans la race américaine, tant de choses désarmantes et adorables. que si j'écrivais quelque chose d'exagéré ou d'erroné, je me sentirais le plus ingrat de tous.

Je ne peux que plaider pour qu'on me pardonne là où j'ai commis une erreur, car non seulement on m'a fait preuve d'une courtoisie et d'une amitié inoubliables, mais je pense qu'il est vital pour la paix du monde que notre peuple et celui des États-Unis comprennent et prennent soin d'eux-mêmes. un autre.

LA FIN

9 789359 947112